おうちで
全部洗える

魔法の洗濯術

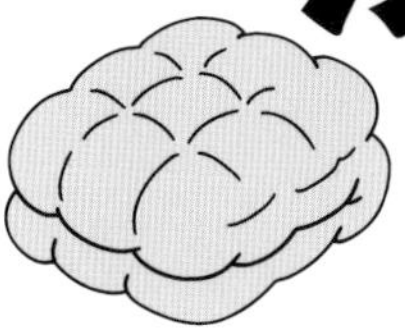

茂木孝夫
白栄舎クリーニング代表

コスミック出版

はじめに

本書は、日頃多くの人が感じている洗濯のお悩みや不安、疑問をスッキリ解決するために作りました。

「頑固なシミ汚れの落とし方」「洗濯物の嫌な臭い解消法」「クリーニングの半分以上は家庭洗濯できる」「ダウンなどの上手な洗濯方法」「洗濯トラブル解決法」など、目からウロコが落ちるような驚きの洗濯術をお伝えします。


私は生協や自治体を中心に日々、講演会を行っています。

講演会では、参加者から様々な質問やお悩みを聞かせていただき、その解決策を次の講演にフィードバックして、よりバージョンアップし続けています。

本書では、講演会などでお寄せいただいた多くの質問やお悩みについて、その解決方法をより分かりやすく解説しました。

これからご紹介する様々な洗濯方法を実際に試していただければ、クリーニング品を大幅に減らすことができ、安心して家庭で洗濯ができるようになります。そして、今まで諦めていたシミ汚れ・黄ばみ黒ずみを、きれいに落とすことができ、感動していただけると思います。

皆様の日々の面倒な洗濯を、少しでも楽しく、快適にできるよう、本書を通じてお手伝いができればと考えています。

また、肌や体にやさしい「石けん洗濯」について知っていただき、洗剤選びの参考にしてください。特にお子さんのいる方、敏感肌やアトピー性皮膚炎などの肌のトラブルにお困りの方、健康に関心のある方には、必読の内容になっています。

白栄舎クリーニング代表　茂木孝夫

CONTENTS

Part1

洗濯のキホン

汚れ部分が
外側になる
ように
汚れ部分に
お湯と洗剤を
付け
ブラシで叩く
トントン!
洗濯用洗剤

普段、家庭洗濯をする上で、
「これは家の洗濯機で洗えるのかな？」
「この服はどうやって洗濯すればいいんだろう？」と
思ったことはありませんか？
正しく洗濯するための第一歩は
「洗濯の取り扱い表示（マーク）」を
しっかり知ることです。
また、洗濯ネットの使い方、洗剤の選び方など、
洗濯する以前の基本をしっかりおさえましょう。

取り扱い表示で、正しい洗濯方法を知る

クリーニングの半分以上は家庭洗濯できる!

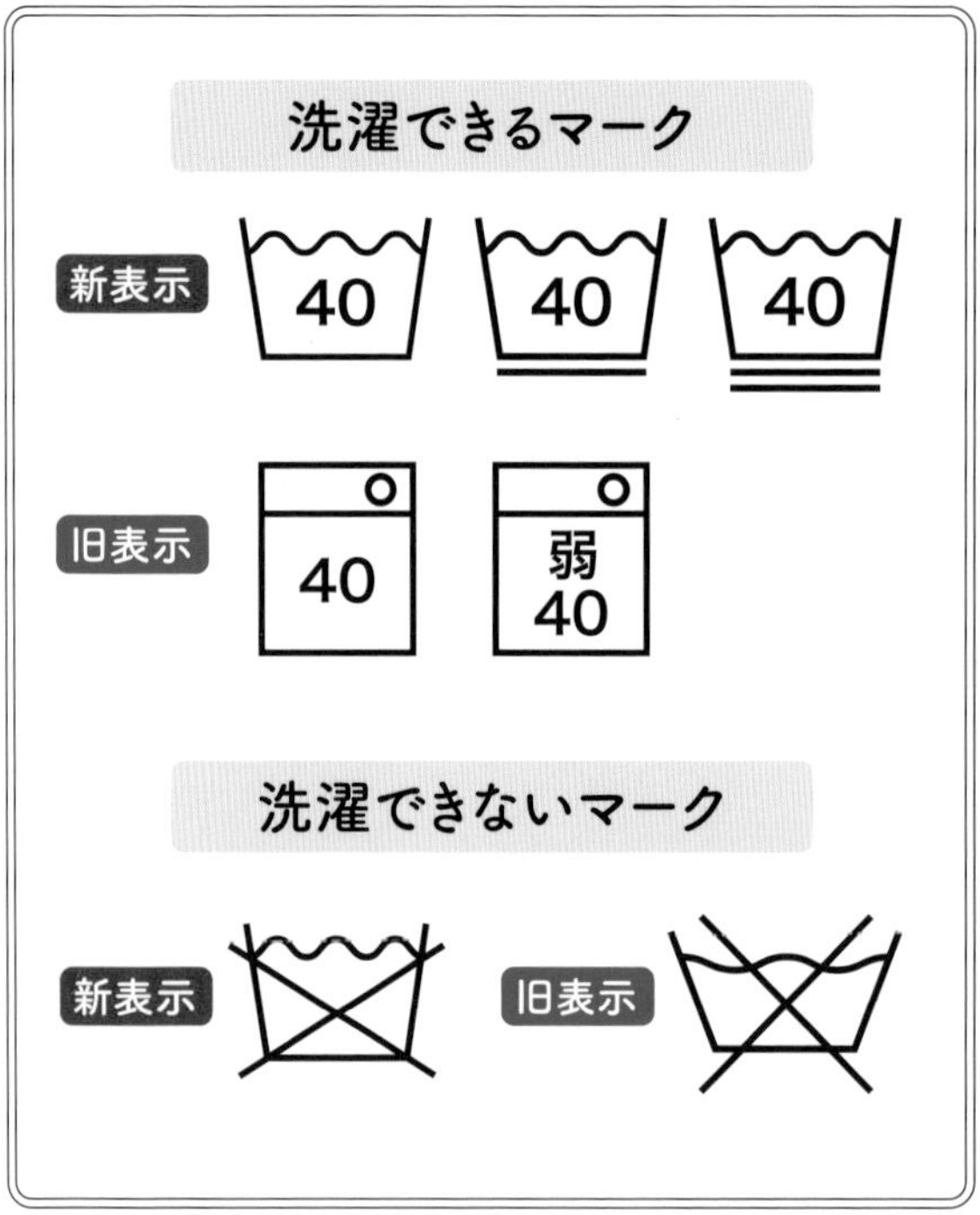

洗濯できるマークは すべて安心して洗濯可能!

洗濯できるマークが付いている物は、すべて家庭で洗濯して大丈夫です。なぜなら、そうした製品は、メーカーが洗濯検査をして安全を確認しているからです。もし表示通りに洗濯をして何らかのトラブルが起きた場合は、製品メーカーや販売店に返金や交換などの保証をしてもらえる可能性があります。

取り扱い表示で 正しい洗濯方法をチェック

取り扱い表示は、製品メーカーからの

「取扱説明書」です。プロのクリーニング業者でも、見た目だけでは判断せずに、必ず表示を確認します。表示に合わせた正しい洗濯方法でトラブルが起こりにくくなります。

クリーニングに出されている
洗濯物の半分は、
家庭で簡単に洗濯できます。
「家で洗えるかわからない」
「洗い方が分からない」
「ドライマークだから」など、
本当は家庭で洗えるのにクリーニングに
出しているケースが多く見られます。
洗濯マーク（洗濯絵表示）の意味を
正確に知ることで
家庭洗濯できる物が増えます。
クリーニングに出す物が少なくなり、
経済的にも節約になります。

ドライマークも家庭で洗える

ドライマークは円形の中にドライ・P・Fの表示です。ドライマークの意味は「ドライクリーニングができる」という意味です。「ドライクリーニングが適している」とは違います。ドライマークと洗濯マークの両方の表示がある場合は、「ドライクリーニングと家庭洗濯どちらもできる」ということです。

色落ち防止、汚れ・臭い落としが断然アップ！

洗濯する前の基本の〝キ〟

大切な衣類の色落ち、色移しを防ぎたい、
汚れや臭いをきちんと除去したいと思ったら、
“洗濯前”が大事。ちょっとしたコツで
快適、清潔に洗いましょう。

準備1 色落ちする物を分けて洗う

色の濃い天然繊維（綿・麻・ウール・シルクなど）は色落ちしやすく、他の衣類に色移りすることがあります。色の薄い物と一緒に洗濯せずに、色の濃い物同士で洗濯します。特に色の濃いデニムやTシャツ、パーカーなどは色落ちしやすいので注意が必要です。合成繊維（ポリエステル・ナイロン・アクリルなど）は色落ちしにくいので分けて洗う必要はありません。

準備2 シミ汚れの前処理を行う

気になるシミ汚れがある場合は、ぬるま湯と洗剤を付けてブラシで軽く叩きましょう。洗濯しても落ちないシミ汚れは、お湯＋洗剤＋酸素系漂白剤を付けてブラシで叩いて、しばらく時間をおいて洗濯します。

汚れ部分にお湯と洗剤を付けブラシで叩く
トントン！

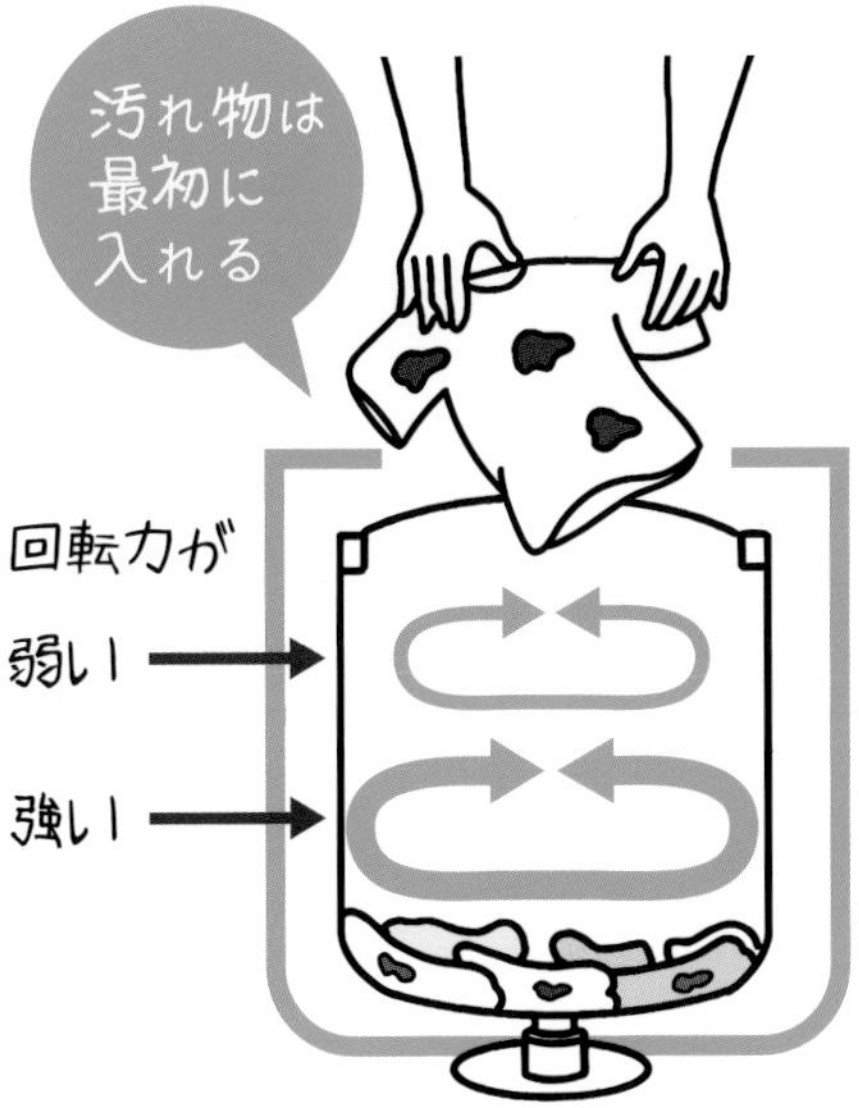
汚れ物は
最初に
入れる
回転力が
弱い
強い

準備3 汚れがある物を下に入れる（縦型洗濯機の場合）

洗濯機の底にあるパルセーター（回転羽根）が当たる部分が、洗濯物の汚れが最も落ちやすい部分です。そのため、汗の臭いや汚れが気になる衣類（靴下やインナーシャツなど）は、洗濯機の一番下になるように最初に入れましょう。汚れの少ないバスタオルやデリケートな女性用下着などは後から入れると、ダメージが少なく硬くなりにくくなります。

準備4 色の濃い物は裏返して入れる

洗濯する際に摩擦によって白っぽくなるのを防ぐために、濃い色の洗濯物は裏返してから洗うようにしましょう。また、洗濯ネットに入れることで、摩擦を減らすことができます。そして、裏返したまま干すことで、紫外線による日焼けを防ぐ効果もあります。乾燥機での乾燥は、裏返したまま乾燥させることで、表面の摩擦が減って衣類が白っぽくなるのを防ぐことができます。

準備5 汗の臭いが気になる物は裏返す

インナーシャツや靴下などの衣類は皮脂汚れが内側に付着するため、裏返して洗うと皮脂汚れが落ちやすくなり、嫌な臭い防止にも効果的です。汚れや臭いが気になる衣類は、洗濯ネットに入れると汚れが落ちにくくなりますので、洗濯ネットに入れずに洗濯するとよいでしょう。

型崩れ防止、デリケート素材に役立つ

洗濯ネットのメリットとデメリット

衣類を保護するための「洗濯ネット」。
縮みやすいニットや型崩れしやすい女性用の下着、
絡まりやすいレギンスなどに
洗濯ネットを使うことで、摩擦による衣類の傷みを
軽減・保護する効果があります。
洗濯ネットを使うメリットとデメリットを知って、
上手に使い分けしましょう。

Point!

メリット

- 摩擦による衣類へのダメージを減らして、やさしく洗うことができる
- 繊維の柔らかさ維持し、濃色繊維が色あせになるのを防ぎ、衣類を長持ちさせる
- 衣類の絡まりを防ぐことができる
- シワや型崩れ抑えて、襟のヨレヨレやニットの伸びなど、形状変化を防ぐことができる
- バスタオルやフリースなどの糸くずの他の衣類への付着を防ぐ
- 洗濯物同士が直接触れないため、色移りや色落ちするのを軽減できる。ただし色落ちを完全に防ぐことはできないので色落ちしやすい衣類は別洗いにする

デメリット

- やさしく洗うために、汚れ落ちが低下する。汚れや臭いが気になる物は洗濯ネットに入れずに洗濯しよう
- 洗濯ネットへの出し入れの手間がかかる
- 洗濯ネットに入れたまま乾燥機で乾燥させると、シワができたり、乾きムラができたりする

洗濯ネットに入れた方がよい物

すべての洗濯物を洗濯ネットに入れる必要はありません。
以下の物を洗濯ネットに入れると効果的です。

デリケート素材	ニット・女性用下着・ストッキング・レギンスなど
シワや型崩れしやすい物	シャツ・カットソー・パンツ・ジャケット・帽子など
糸くずが出る物	新しいタオル・フリース・起毛素材など
色落ちしやすい物	色の濃い物（デニム・Tシャツなど）
絡まりやすい物	長袖シャツ・長ズボン・細長い形状の衣類

洗濯ネットに入れない方がよい物

靴下や汗が多く染み付いたシャツ、タオルなどの汚れや臭いが気になる物は洗浄力を高めるために洗濯ネットに入れずに洗いましょう。また、ワイシャツなど白い衣類は、洗濯ネットに入れることで洗浄力が低下し、黒ずみやすくなることがあります。

汚れ、臭い、シミは
ネットに入れない
ヨゴレ
ニオイ
シミ

使って納得&便利!

洗濯ネットの種類と使い方

洗濯ネットのメリットとデメリットを踏まえた上で、
実際に洗濯ネットを実践!
洗濯ネットの種類と使い方を知りましょう。

角形ネット

ネットの中で洗濯物が動きにくいので、デリケート素材やシワや型崩れしやすい物に適している

丸型ネット

ネットの中で洗濯物が動きやすいため、水流が行き届いて汚れが落ちやすい

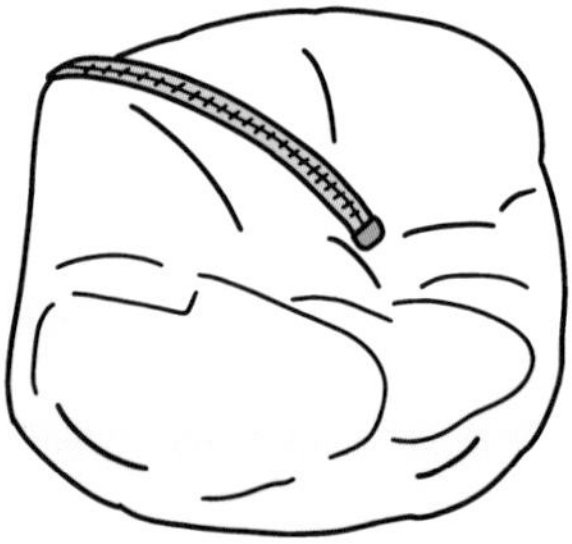

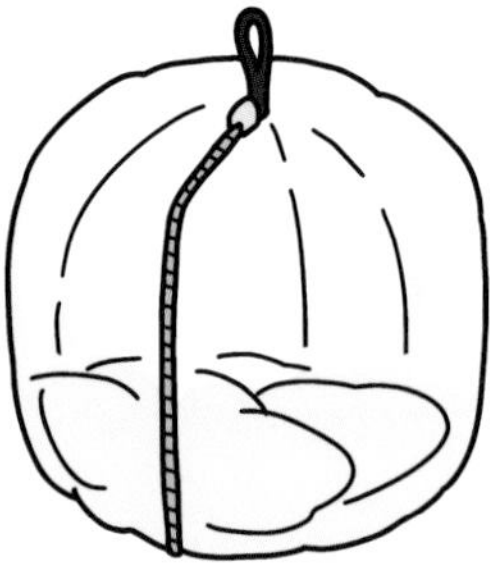

大型・筒形ネット

縦型洗濯機で布団や毛布を洗うのに便利（ドラム式洗濯機には不要）

女性用下着専用ネット

型崩れや引っかかり、摩擦を防いでやさしく洗える

洗濯物に合わせたサイズを選ぶ

シワや型崩れを防いでやさしく洗う

洗濯ネットの隙間をしばって中で動かないようにして、シワ型崩れを防ぎます。締め付けすぎてしまうと、水や洗剤が十分に行きわたらないので注意しましょう。

しっかり洗って汚れを落す

少し大きめのサイズの洗濯ネットに、1～2点程度入れて、スペースに余裕のある状態にします。ネットの中で洗濯物が動くようにして、しっかり汚れが落とします。

洗濯ネットの使い方

1. 汚れがある場合、汚れ部分にぬるま湯と洗剤を付ける
2. 襟や袖などの汚れ部分を外側に畳んで、洗濯ネットに入れる

汚れ部分が外側になるように

3. 洗濯終了後、洗濯ネットから取り出して乾燥、または干す。洗濯ネットに入れたまま乾燥機に入れない
4. 使い終わった洗濯ネットは乾かして収納する。濡れたままにしておくと、雑菌が繁殖するため要注意

ネットの余った部分は縛る

洗剤の正しい選び方

液体洗剤・粉末洗剤・おしゃれ着洗剤を使い分ける

洗剤の種類と特徴を知って、
正しく使い分けることで
洗濯のクオリティーを上げることができます。
忙しい時は液体洗剤、
臭いや汚れを落とす時は粉末洗剤と
使い分けるのがおすすめです。

軽い汚れ物に便利！

液体洗剤（合成洗剤・石けん洗剤）

洗浄力が弱く、皮脂汚れなどが少ない衣類に適している。水に溶けやすく、汚れのある部分に直接かけるなど取り扱いしやすい。生乾き臭や汗臭が残りやすい。

汚れや臭いをしっかり落とす！

粉末洗剤（合成洗剤・石けん洗剤）

洗浄力が強く、頑固な汚れや皮脂汚れの落ちが◎。生乾き臭や汗臭が残りにくい。価格が安くコストパフォーマンスは高め。水温が低いと溶け残りやすい。

利便性は○、コスパは△

ジェルボール・スティック洗剤
（合成洗剤）

洗浄力が高く、水に溶けやすい。洗濯物の量によって調整ができないので、洗剤を無駄に使ってしまう。便利だがコスパは悪めで、環境にも負荷のかかる洗剤。

ニットやデリケート素材に！

おしゃれ着洗剤
（合成洗剤）※石けん洗剤を除く

デリケートな素材やウールやシルクをやさしく洗って、柔らかい肌触りになる。ただ、汚れ落ちは悪いので、黄ばみや臭いが残りやすい。

お湯＋ブラシで洗浄力増

固形せっけん

靴下などの泥汚れ、落ちにくい汚れがよく落ちる。汚れ部分にお湯をかけ、固形石けんを塗り付けてブラシで擦ると洗浄力がアップ。

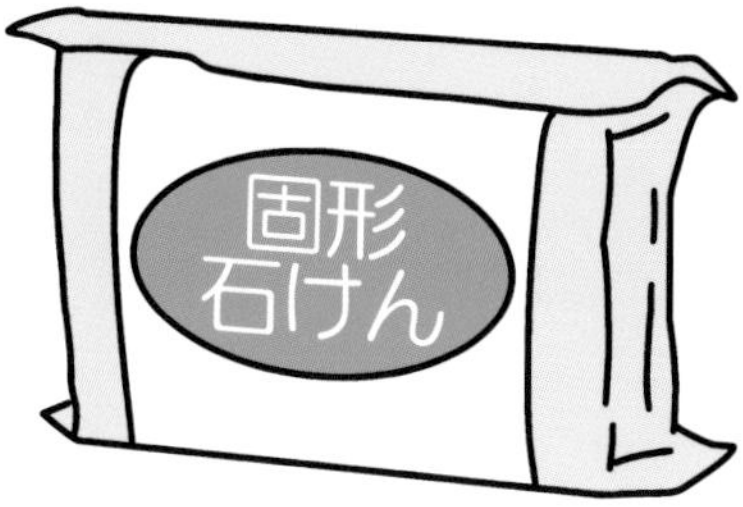

汚れ、臭い除去のために大切

洗濯で知っておきたい注意点

洗剤、柔軟剤の入れすぎ、洗濯物を詰め込みすぎなどは、
本来の洗濯能力を低下させてしまいます。
適正な容量を守って洗うことで、
汚れや臭いをしっかり落とすことができます。

洗剤を入れすぎると汚れが落ちにくくなる

洗剤は必要以上に入れても、汚れ落ちが向上するわけではありません。洗剤を入れすぎると、汚れを含んだ洗剤がすすぎ切れずに、洗剤成分や汚れが残留してしまいます。合成洗剤の成分が残っていると、痒みや湿疹など肌に悪影響を及ぼすことや、アレルギー症状を起こすこともあります。洗濯物の肌触りや吸水性が悪くなり、劣化や変色の原因にも。市販の洗剤のほとんどは合成界面活性剤が使用されているため、海洋生物への悪影響や水質汚染につながる可能性があります。必要以上に使うことのないように、製品裏の目安量に合わせて使用しましょう。

洗濯物をぎゅうぎゅうに詰め込まないように

洗濯機に洗濯物を入れすぎてしまうと、汚れが落ち切りません。入れすぎてしまうと、洗濯物の動きが悪くなり、皮脂汚れなどの汚れも落ちにくくなり、洗濯物の臭いや黄ばみの原因になります。また、

洗濯物が絡まりやすく、シワや型崩れや傷みが発生します。洗濯物を詰め込まないで、洗濯槽の7割程度で洗濯するように心がけましょう。

1回すすぎの場合は洗剤を少なめに設定

節水や時短になる1回すすぎコースでの洗濯は、洗剤や汚れが残りやすくなります。洗剤と洗濯物を少なめにして、水量を多めに設定することで洗剤や汚れが残りにくくなります。洗剤や汚れが残りにくいように洗いましょう。1回すすぎは肌のトラブルを起こしやすいので、できるだけ2回すすぎした方が安全です。特にアトピー性皮膚炎や敏感肌の方は、1回すすぎを避けるようにしましょう。

柔軟剤の入れすぎは肌荒れ、不快感の原因にも

柔軟剤を入れすぎると、臭いがきつくなります。臭いは一度慣れてしまうと臭いの感度が落ちてしまうので、つい入れすぎてしまうことがあります。最近では「香害」というように柔軟剤や合成洗剤などに含まれる合成香料（化学物質）によって、健康への影響や不快感を与える要因にもなりかねません。また、洗濯物がベタついた感触やタオルやシャツなどの吸水性の悪化、肌荒れの原因にも。柔軟剤は入れすぎずに、少なめ、または、入れないことをおすすめします。

漂白剤を使いこなせれば、洗濯上手になれる！

漂白剤の種類と使い方

粉末酸素系漂白剤は洗濯物を40～60℃の温水に60分間つけ置きすることで最大限の効果を発揮します。強力な漂白効果で白物を真っ白にすることができ、洗濯物の臭いの元「雑菌」を根こそぎ除菌して洗濯物をしっかり消臭します。また、洗濯の時に洗剤と一緒に入れることで洗剤の力が強くなり、油汚れが落ちやすくなります。効果が高く・使いやすく・安全でおすすめです。

Point!

漂白剤は色落ちしない？

漂白剤には塩素系と酸素系の2つのタイプがあります。塩素系は白物の衣類を真っ白に仕上げてくれて除菌や消臭効果も高め。ただ、色柄物には脱色してしまうため、白物以外には向いていません。粉末の酸素系は脱色しにくく、シミ・汚れ・臭いをよく落して、色柄物でも使用できます。（液体の酸素系は効果が弱い）

漂白剤の効果は？

漂白剤は洗剤では落とせない色素汚れを落とすことができます。特に飲食のシミや黄ばみ、便の汚れを落とすのが得意です。そして除菌・消臭効果で洗濯物の生乾き臭や洗濯層の雑菌を防ぐことができます。

どれに漂白剤が使える？

漂白剤を使用する場合は、洗濯表示を確認しましょう。漂白剤のマークは「△」で、「×」が付いている物は漂白剤を使用できません。「×」が付いていなければ酸素系漂白剤を使用できます。ただし、粉末の酸素系漂白剤はウールやシルクには使用できません。

家庭洗濯不可

漂白剤使用不可

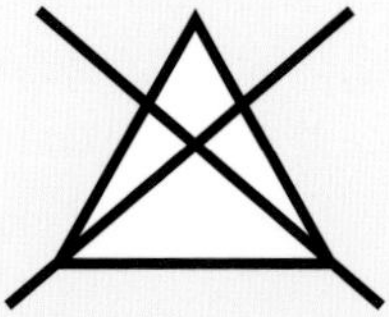

漂白剤使用可能

酸素系OK
塩素系NG

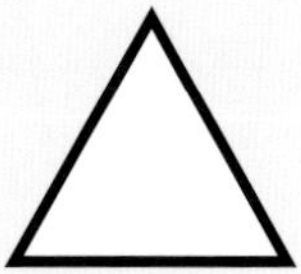

酸素系OK
塩素系OK

※粉末の酸素系漂白はウール・絹への使用不可

漂白剤の使い方

【洗濯機洗い】 洗浄力を強くする。
漂白・除菌消臭効果は低い

・**洗剤と漂白剤を入れて通常通り洗濯する**

【つけ置き洗い】 漂白・除菌消臭効果が高い

・**洗面器にお湯を入れ洗剤と漂白剤を溶かし、約1時間漬け込んでから洗濯する**

洗濯から乾燥、アイロン、クリーニングまで

洗濯表示は正しい〝洗濯の道標〟

洗濯表示に合わせて洗濯すれば、
洗濯のトラブルが起こりにくくなります。
クリーニング店は必ず洗濯表示を確認してから
洗濯を行います。新しい衣類を洗ったり、
洗い方が分からなかったりする時は、
洗濯表示一覧を確認して洗濯するようにしましょう。

家庭洗濯

30℃限度
洗濯機「非常に弱い」※

40℃限度
洗濯機「弱い」※

40℃限度
洗濯機「標準」※

家庭洗濯
NG

40℃以下
手洗い

※洗濯機の機種によって異なる

漂白

漂白OK
酸素系OK
塩素系NG

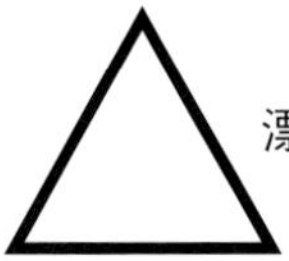
漂白OK

漂白NG

ダンブル乾燥

ダンブル乾燥
NG

低温
60℃まで

高温
80℃まで

自然乾燥

濡れ平干し　平干し　濡れつり干し　つり干し

日なた

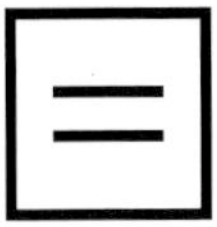

日陰

アイロン

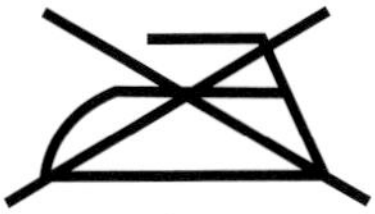
アイロン
NG

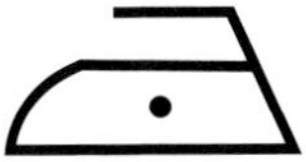
低温
110℃まで
（スチームなし）

中温
150℃まで

高温
200℃まで

クリーニング

ドライクリーニング
NG

ウエットクリーニング
NG

すべての溶剤
ドライクリーニング
通常処理

石油系溶剤
ドライクリーニング
弱い処理

ウエットクリーニング
非常に弱い処理

COLUMN

生活スタイルに合わせて使い分けしよう

洗濯機・乾燥機の賢い選び方

洗濯機の選び方

乾燥重視

ドラム式洗濯機

乾燥すれば干す手間がなくて雨の日でも安心。

○ 乾燥が乾きやすい
○ 節水（縦型の約60％）
○ 叩き洗いで衣類が傷みにくい

✕ 水量が少ないので汚れや臭いが残りやすい
✕ 色移りしやすい
✕ こまめなメンテナンスが必須で、故障しやすい
✕ 価格が高い
✕ 洗濯機が大きいため搬入や設置にスペースが必要

洗浄力重視

縦型洗濯機

汚れがよく落ちてコスパが高い。

○ たっぷりの水で、汚れをしっかり落とす
○ もみ洗いで臭いや泥汚れも良く落ちる
○ メンテナンスが比較的簡単で、故障しにくい
○ 省スペースに設置できる
○ 価格が安い

✕ 乾燥機能があっても乾きにくい
✕ 入れすぎると洗濯物が傷みやすい

乾燥機の選び方

ドライヤーで
乾かすのと
同じ仕組み

エアコンと
同じ仕組み

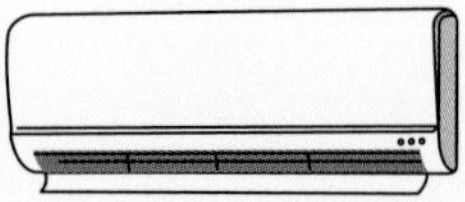

ヒーター乾燥

本体価格が安く電気代が高いので、乾燥の頻度が少ない場合はコスパが低いかも。

○ ヒートポンプ乾燥に比べて本体価格が安い

× 電気代がヒートポンプに比べて約2倍以上（1回約60円）

× 約80℃高温乾燥で縮みやすい

× 排気で室温や湿度が上がる

ヒートポンプ乾燥

価格は高いけど、頻繁に乾燥を使う場合は電気代が安いのでコスパが高い。

○ 電気代がヒーターに比べて約半分以下（1回約24円）※目安

○ 約60℃温風乾燥で縮みにくい

○ 排気がないので室温や湿度が上がらない

× ヒーター乾燥に比べて価格が高い

節電できる乾燥機の使い方

乾きにくい厚手の衣類を分けて乾燥する

（パーカーやデニムやバスタオルなど）

- 厚手は洗濯後取り出して干して、厚手以外の品物を乾燥する
- 厚手以外の品物を洗濯乾燥して、厚手は別に洗濯して干す
- 厚手衣類と薄手衣類を分けて洗濯乾燥する

乾燥時間を短くする

- 乾燥時に乾いたバスタオル1枚を広げて入れる（乾いたタオルが湿気を吸って効率よく乾燥）
- 乾燥フィルターは毎回掃除する（フィルターに埃が付くと風が弱くなる）

自然乾燥と併用する

- 自然乾燥と組み合わせれば乾燥時間が短く節電になり生地も傷みにくくなる
- 最後の仕上げとして乾燥運転をすれば、カラッと乾くため生乾きの防止にも
- 夜干しして翌朝に乾燥機にかけたり、自然乾燥で湿っている洗濯物だけ乾燥させたりする使い方がおすすめ

Part2

落ちないシミの汚れ・黄ばみの落とし方

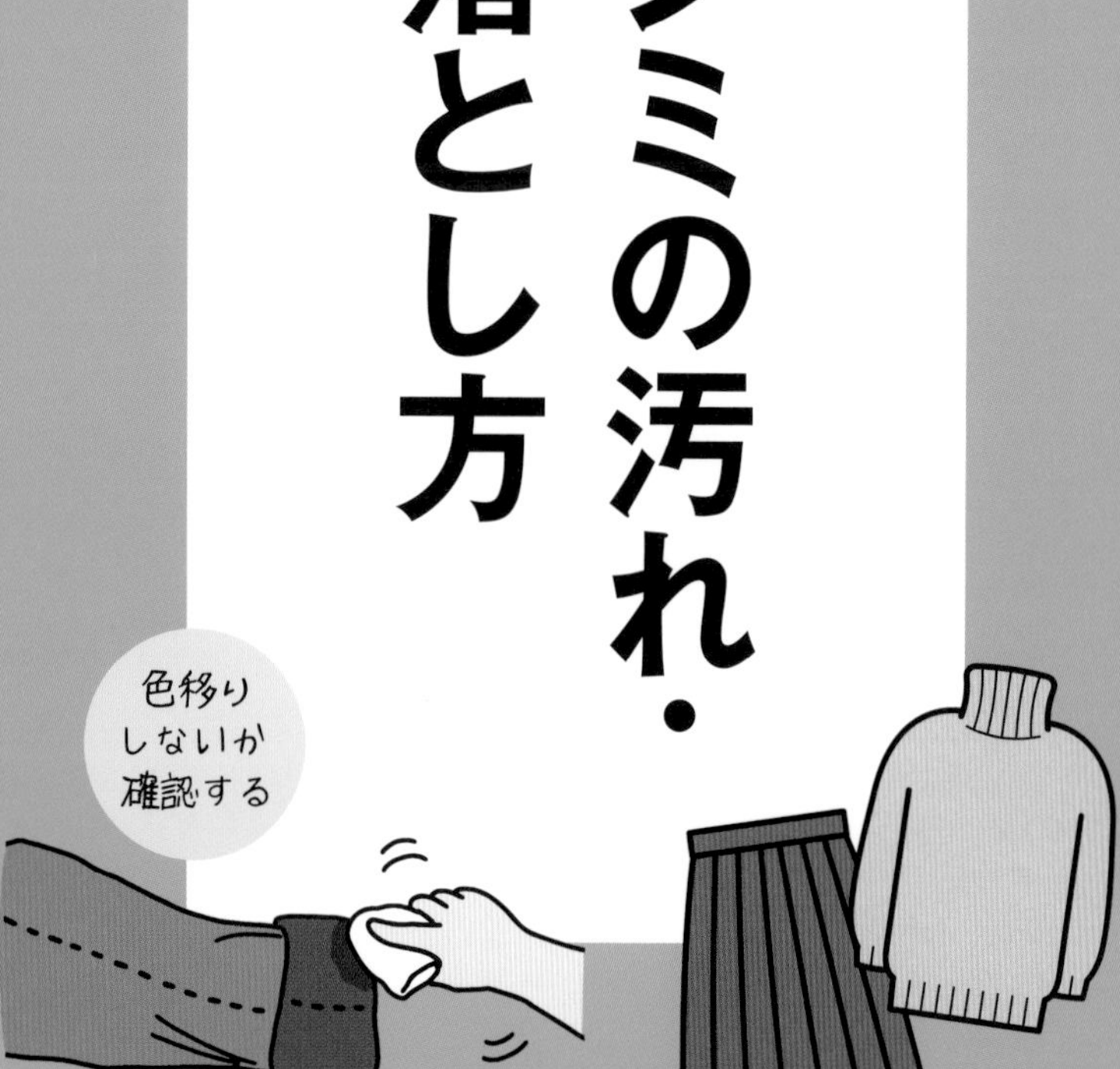
色移りしないか確認する

食べ物や飲み物、ボールペン、化粧品など、
ちょっとした汚れが
衣類のシミとして残っています。
シミはそのまま放置してしまうと、
ますます落としにくくなります。
シミが付着してしまった場合はもちろん、
油汚れ、黄ばみ、泥汚れなど、
一度付いてしまうと厄介なシミ・汚れを
きれいに落とす方法を知って、
清潔感を保ちましょう。

カレー、パスタソース、ワインのシミも大丈夫！

“落ちないシミ”をキレイに落とす

洗濯しても落ちないシミ汚れは「お湯」と「ブラシ」が効果的

カレーやパスタソース、ワインなど、うっかり付けてしまったシミは、家庭で簡単にきれいに落とすことができます。シミを落とすのに最も大切なのが、「お湯を使う」こと。お湯だけで汚れや油を溶かすことができ、洗剤の洗浄力や漂白剤の効果を増大させます。水で落ちないシミ汚れも、お湯を使えば落とすことが可能。また、ブラシを使うことでシミ汚れを剥がして落ちやすくなります。洗濯用ブラシがベストですが、なければ歯ブラシでも代用できます。ブラシで叩くことで洗剤や漂白剤が繊維の隙間に入り込んで汚れを落とします。シミが残ってしまっても、天日干しで消えることがあります。

シミが付いた時の応急処置

シミは時間が経つと落ちにくくなります。シミを擦って落したくなりますが、擦ると毛羽立って白っぽくなり、シミが落ちにくくなることもあるので、洗剤を付けて擦らないで押し当ててください。

1 ウエットティッシュや湿らせたハンカチを押し当ててシミを布に移す。（可能なら下に乾いた布を敷いて、上から湿らせた布を押し当てる）
2 シミが残っていたら、少量のハンドソープや洗剤を付けて1を繰り返す
3 なるべく早く洗濯する

Point!

- シミが付いたら、お湯と洗剤を直接付けて洗う
- 洗濯しても落ちないシミは洗剤と酸素系漂白剤で落とす
- しみ抜きのポイントは、お湯＆洗剤＆ブラシで叩く擦る

「それでも落ちないシミの落とし方」

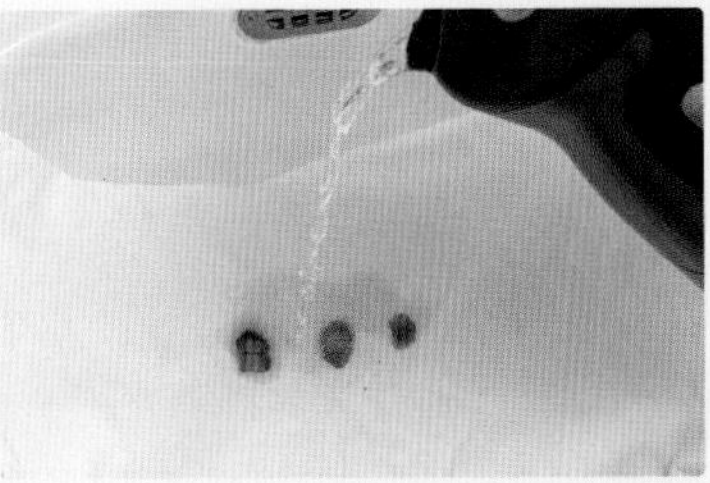

1 シミにお湯（下部の湯温参照）をたっぷりかける

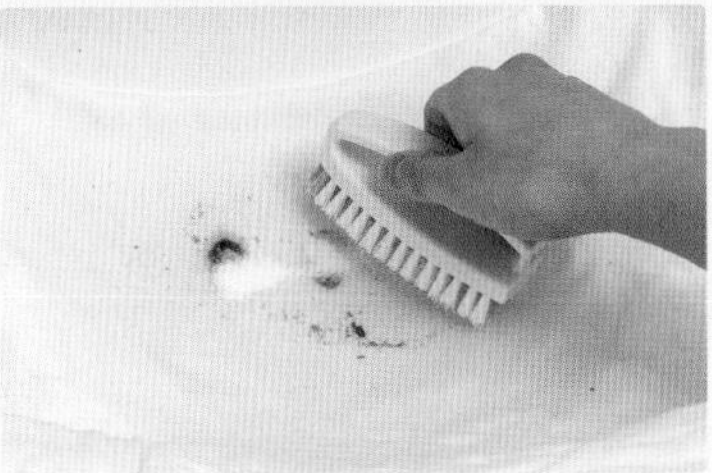

2 洗剤と酸素系漂白剤を付け、洗濯ブラシ（歯ブラシ可）で擦る・叩く

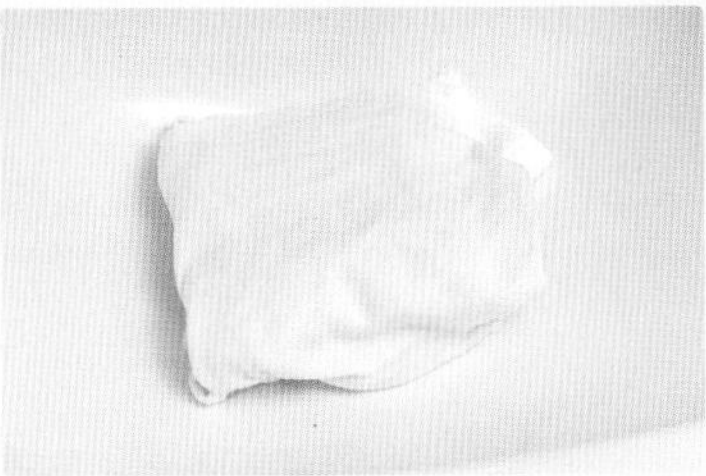

3 シミ部分が内側になるよう丸め、1時間程度おいてから洗濯する

4 日光が当たるところに干す（紫外線が色素を分解）

お湯の温度調整

白シャツ・白物（コットン）	約60℃	洗剤＋漂白剤
一般衣類・合成繊維100% （ポリエステル・ナイロン・アクリル）	約40℃	洗剤＋漂白剤
濃色衣類	約30℃	洗剤のみ（漂白剤不使用）

食べ物の油、ファンデーション、日焼け止めなども落ちる！

油汚れの落とし方

お湯の洗剤の洗浄力がアップして油汚れに◎

シャツやズボンに付いてしまった油汚れは洗濯しても簡単に落ちません。また、ファンデーションなどの化粧品の多くは油分を多く含むため落ちにくい性質があります。家庭で油汚れを落とす方法を覚えておきましょう。

油は水に溶けにくく、お湯に溶けやすい性質があります。バーベキューなど野外でカレーや焼肉などの食器を水で洗うと油汚れは落ちませんが、家庭でお湯を使って洗うと簡単にきれいに落とすことができます。洗濯も同様で、油汚れが付いてしまったら、お湯と洗剤を付けて洗えば簡単にきれいに落とすことができます。

油汚れの落とし方
（食用油、ファンデーション、日焼け止め、口紅など）

1 お湯と洗剤（台所用も可）を汚れ部分に付ける
2 ブラシでトントンと叩いて、やさしく擦る
3 汚れ部分を内側にして丸める
4 しばらくしてから洗濯する

Point!

- お湯と洗剤を使って落ちにくい油汚れが落とす
- 汚れ部分に洗剤を付ける＋叩くことで、繊維の奥に浸透させて汚れを分解
- 食べ物の油、化粧品、ボールペン、チェーンオイルなど、様々な油汚れに応用できる

頑固な油汚れの落とし方
（ボールペン・サインペン・チェーンオイルなど）

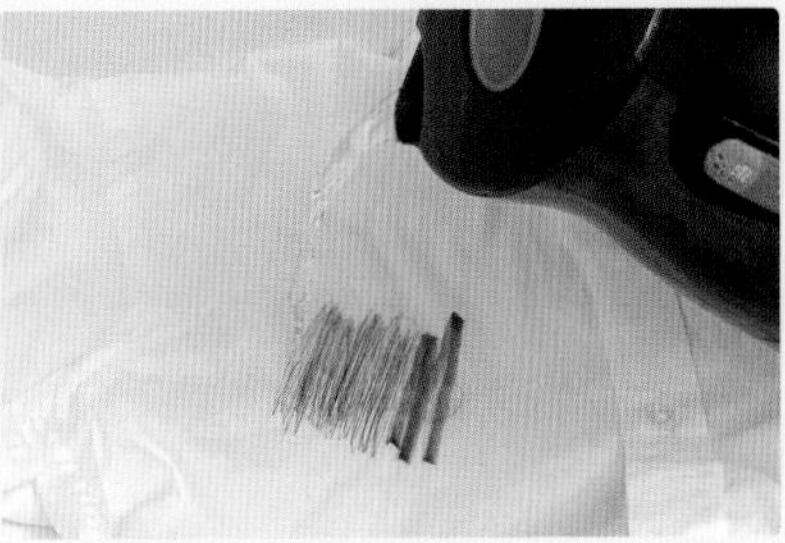

1 汚れ部分にお湯かけて、
洗剤を付ける

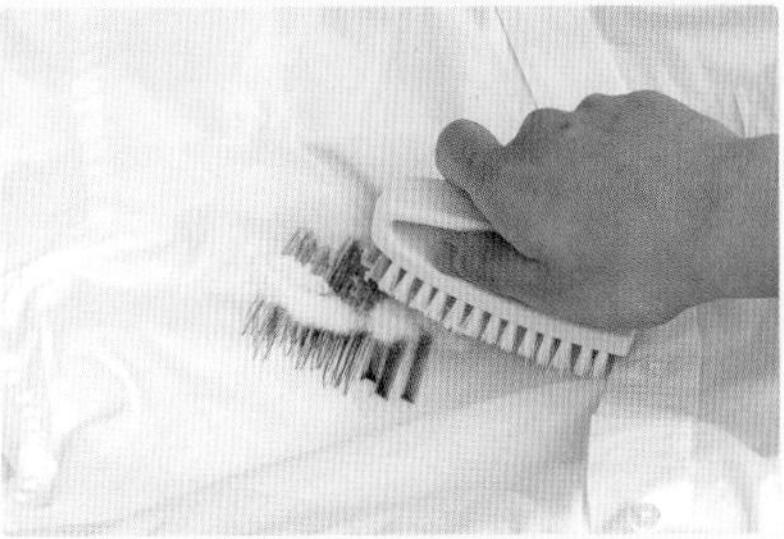

2 汚れ部分をブラシで擦る

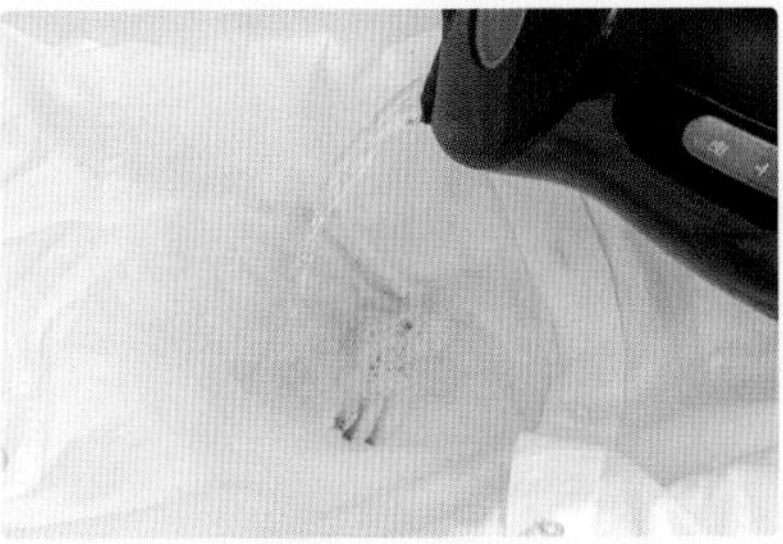

3 再びお湯をかけて、
洗剤と酸素系漂白剤を付ける

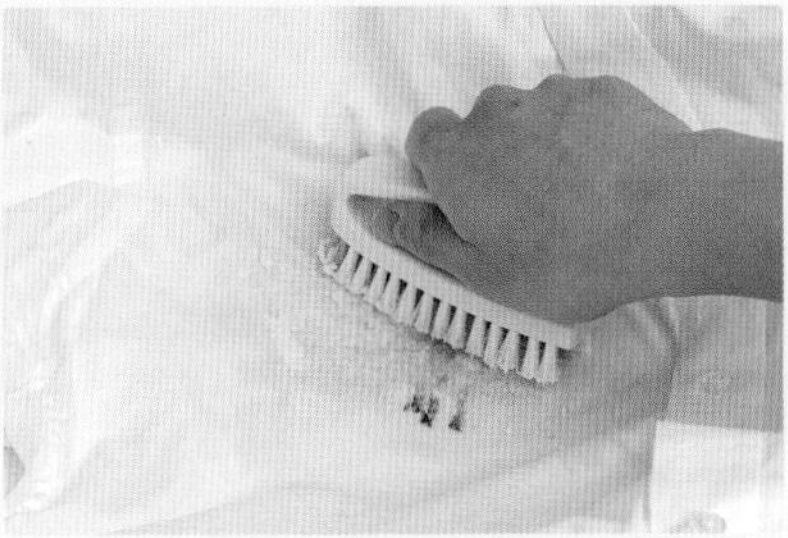

4 ブラシで擦る・叩いて
繊維の奥に浸透させる

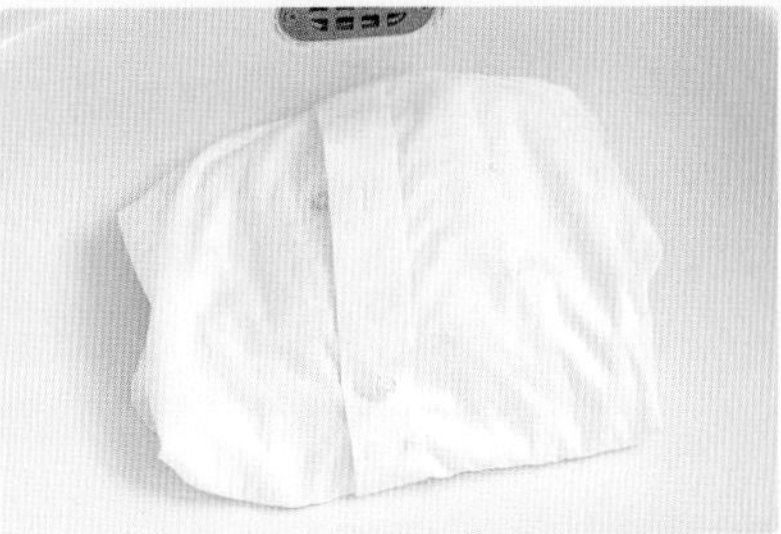

5 汚れ部分が内側して畳んで、
約1～2時間放置する

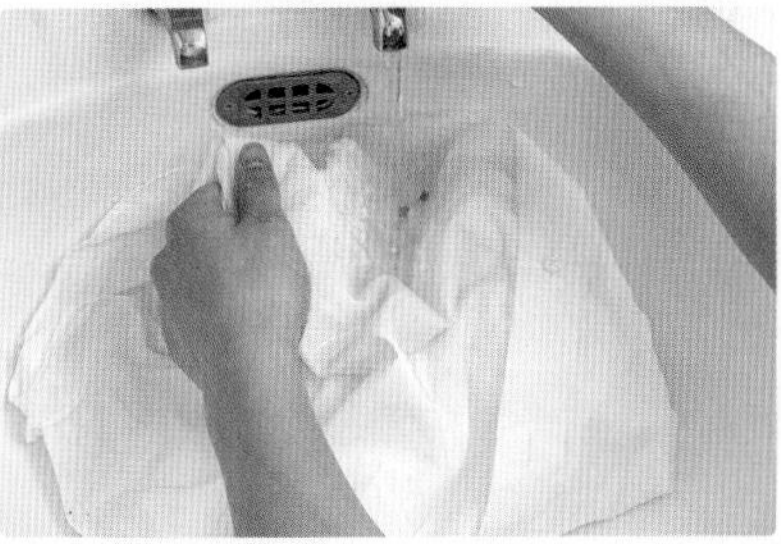

6 水で洗い流してから
洗濯する

※シミが薄く残ったら、もう一度繰り返す
※湯温は高い方がよく落ちる（P40「お湯の温度調整」参照）

汚れをきれいに落として清潔感アップ

襟の黄ばみの落とし方

襟汚れ=皮脂汚れは専用洗剤でも落ちない

襟の汚れは、普通の洗濯では落ちない皮脂汚れが原因です。強力な襟の専用洗剤を使っても完全には落ちません。皮脂汚れは固体油で、水洗では落ちにくく、40℃以上の温水で洗うと溶解して、落ちやすくなります。クリーニング店では、皮脂汚れを落とすためにワイシャツやシーツなどは、50℃くらいの温水で洗濯します。

温水洗濯は、ワイシャツなど温水洗濯に適したもののみで洗う必要があります。温水洗濯をすると繊維が硬くなり、色落ちしやすくなるため、普通の洗濯物には温水洗濯は適しません。洗濯機の温水洗浄は、水道水約80～120ℓを電気で温めるために、多くの電気（1回約50円）と多くの時間（約3時間）がかかります。

黄ばみは洗剤だけでは落とせず、漂白しなければきれいになりません。

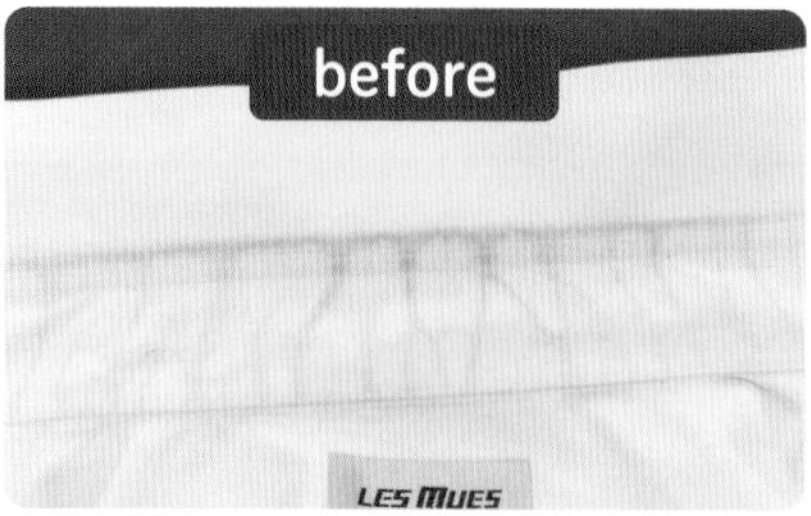

Point!

- 襟汚れ専用洗剤を使っても
完全に汚れは落ちない
- 皮脂汚れはお湯40℃以上で落ちる
- 黄ばみ汚れは洗剤では落ちず漂白が必要

白シャツの襟・袖口・脇の下の黄ばみ汚れ落とし

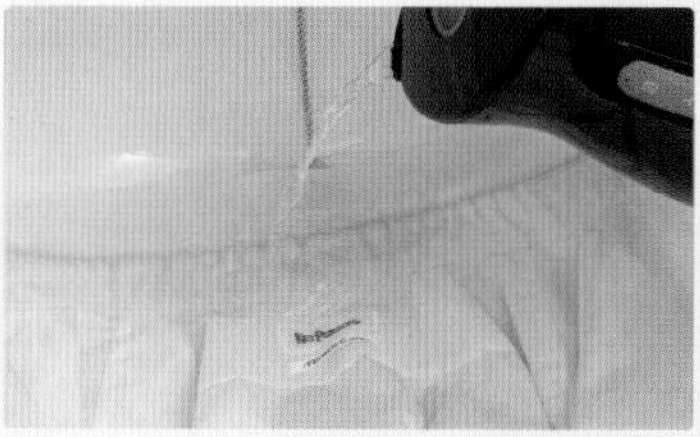

1 沸騰したお湯を、汚れ部分にたっぷりかける（火傷しないよう注意）

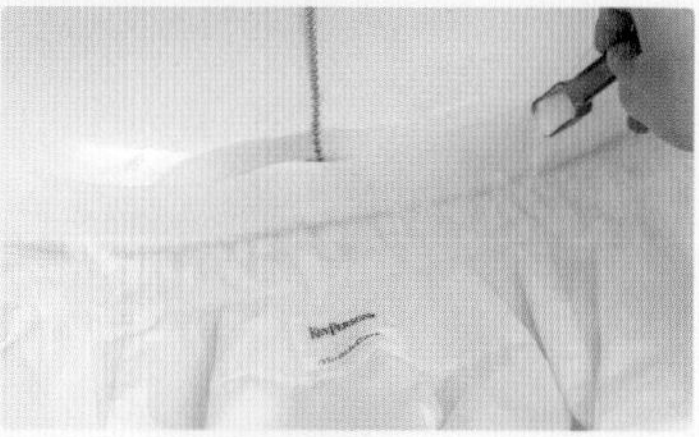

2 洗剤と粉末酸素系漂白剤を付けてブラシで軽く擦って叩く

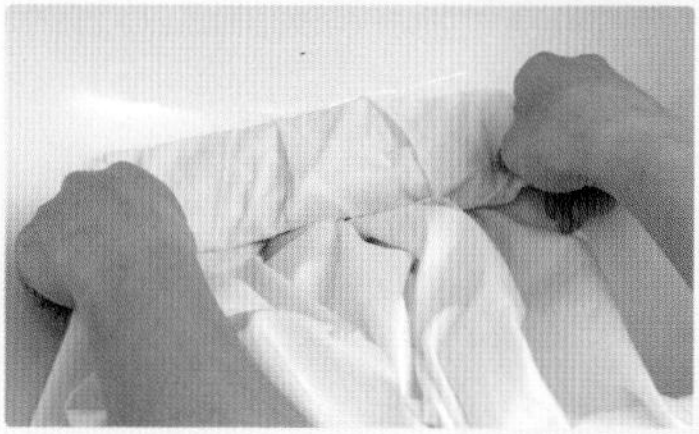

3 汚れ部分を内側に丸め、1時間程度おいてから洗濯する

4 日の当たる場所に干す

※薄色シャツは湯温を約60℃（沸騰したお湯を水で倍に薄める）にする

濃色シャツの襟汚れ
（綿100%又は綿とポリエステルの混紡繊維）

❶ 汚れ部分にぬるま湯をかける
❷ 洗剤を付けてブラシでやさしく擦って叩く
❸ しばらくしてから洗濯する

白い洗濯物の汚れを落として、本来の白さを復活

全体の黄ばみ・黒ずみを落とす

漂白剤を効果的に使って黄ばみ・黒ずみを落とす

洗濯して見た目はきれいでも、見えない皮脂汚れが残ることで、酸化を起こして黄ばみが発生します。衣替え時の洗濯は、しっかり皮脂汚れを落として黄ばみを防ぎましょう（P58「衣替えの洗濯の作法」を参照）。洗濯機に洗濯物の入れすぎ、洗剤の入れすぎなどにより、洗剤分が残って黄ばみが発生することもあります。

また、1回すすぎコースで洗濯すると、白い洗濯物が黒ずみやすくなります。すすぎは衣類の汚れを洗い流すために重要です。きれいに洗うためには2回以上のすすぎが必要です。特に白いポリエステルは黒ずみやすいので、普通コースで洗濯しましょう。

※サンソリキ使用　有限会社タイシン九州提供

Point!

- 衣替えで洗濯してきれいに仕舞ったのに黄ばんでしまった
- 洗濯しても黄ばみが落ちない
- 白シャツが洗濯してもだんだん黒ずむ
- 傷んでいないのに黒ずんで見た目が悪い

白い衣類の**黄ばみ・黒ずみ**を落とす方法

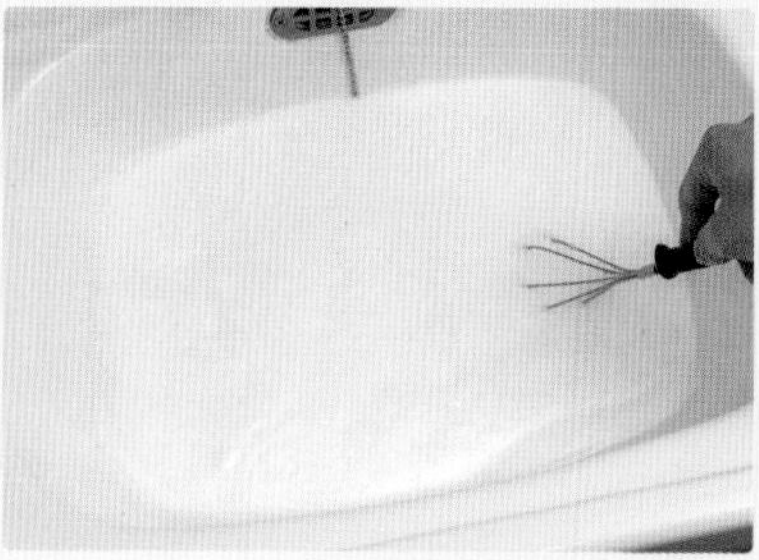

1 洗面器に沸騰したお湯と同量の水を入れて約60℃のお湯を作り、洗剤と粉末酸素系漂白剤を溶かす

※お湯1ℓに対して洗剤と粉末酸素系漂白剤を10mg（mℓ）
※衣類の大きさに合わせて各種の量を調整
※吹きこぼれないよう、大きめの桶、または洗面器を使用

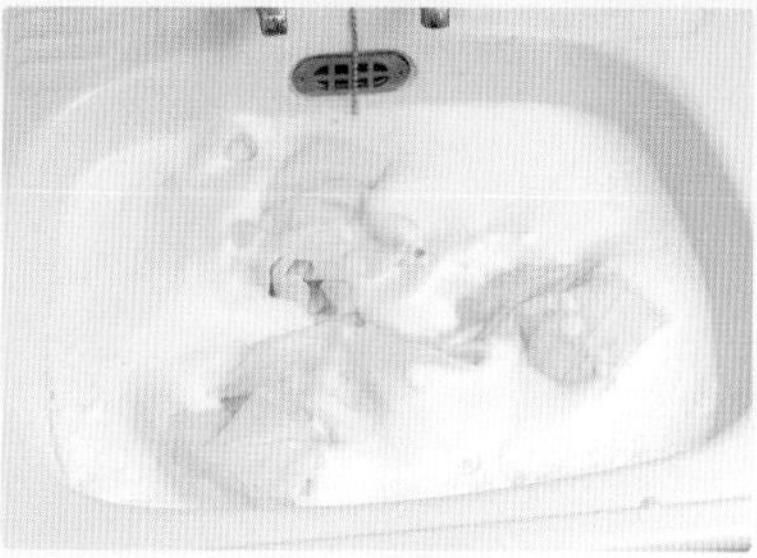

2 衣類を入れて、菜箸などで衣類を沈めて漬込む

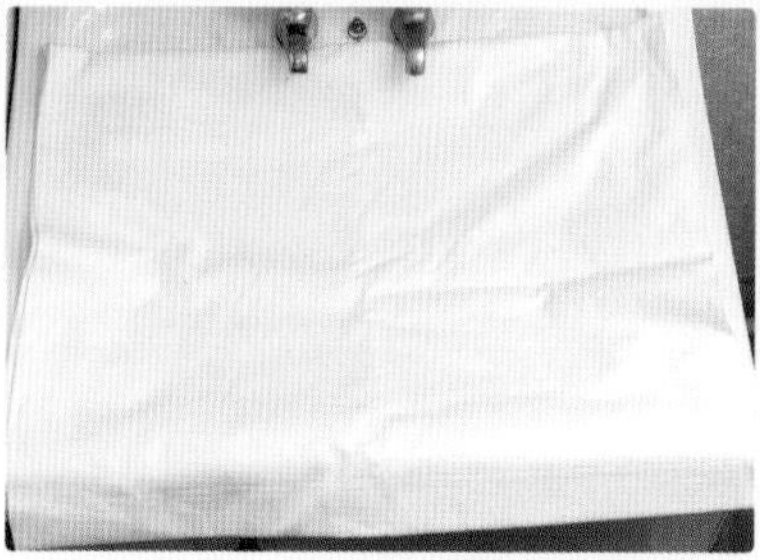

3 洗面器の上に布などを被せて、保温する

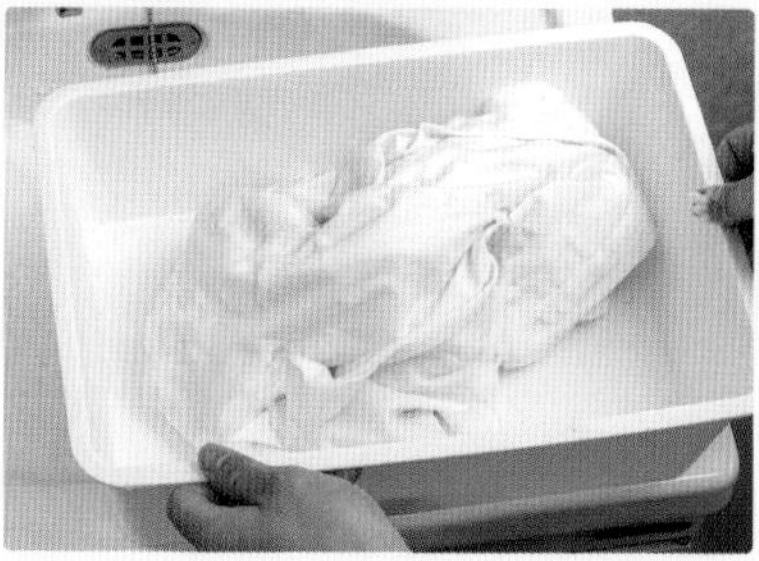

4 60分後、洗濯機に移して洗濯する

※おしゃれ着衣類・生成り衣類は湯温を約30〜40℃
※デリケート素材（ウールやシルクなど）は湯温30℃で、酸素系漂白剤を使用せず、洗剤のみ使用する

水での予洗いは落ちにくくする

厄介な泥汚れは水にも洗剤にも溶けない

厄介な泥の汚れは洗濯するだけで落ちない

小さな子どもが遊んで付いてしまった泥んこ汚れは、手洗いをしてもなかなか落ちません。また、雨の日の自転車で走ったり、運動して付いてしまったりした泥汚れも落ちにくいと感じたことはないでしょうか？

それは、泥は皮脂や油汚れと違い、水にも油にも溶けない汚れだから洗濯しても落ちにくいのです。

泥汚れは、ブラシで擦って繊維から泥を剥がしてから洗濯することできれいに落とすことができます。泥汚れは最初に水で流すと繊維の奥に入り込んで落ちにくくなるため、水で予洗いするのは厳禁。次の泥汚れの落とし方の手順を踏まえて、泥汚れをしっかり落としましょう。

広範囲に付いた泥汚れの落とし方

1 乾いた状態で、表面の泥をブラシで擦って取り除く
2 洗面器にお湯を入れて洗剤と酸素系漂白剤を溶かす
3 衣類をしばらく漬込んでからブラシで擦る
4 水で洗い流してから洗濯する

Point!

- 泥は水にも油にも溶けない汚れ
- 泥汚れは、表面の泥が繊維の奥に流れ込んで落ちにくくなるため、水で泥を流すのはNG
- ブラシで擦り、繊維から泥を剥がして洗濯する

泥汚れの落とし方

1 乾いた状態で、表面の泥をブラシや手で払って落とす

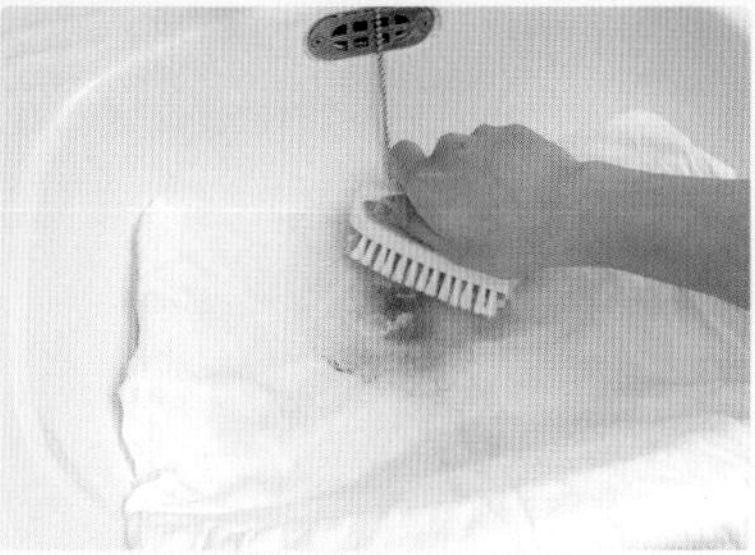

2 お湯と洗剤を付けてブラシで擦る

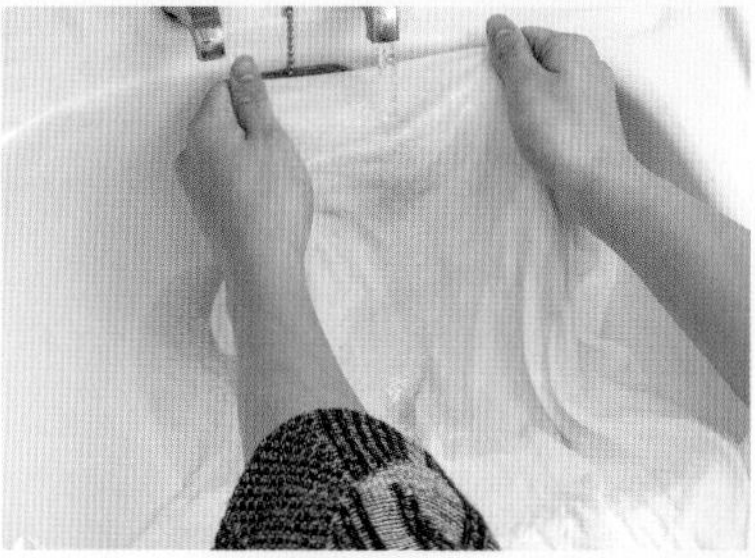

3 泥汚れと洗剤を水で洗い流す

4 洗濯する

※デニムや濃色衣類は色落ちしやすいので、お湯ではなく水を使用して、漂白剤は使用せず、洗剤のみでやさしく擦る

※ニットやおしゃれ着などは毛羽立ちやすいため、ブラシで擦らずにトントンと叩く

COLUMN

血液、カビ、墨汁が付いても大丈夫!

様々なシミの落とし方

カビのシミ

湿気やダニなどで発生する白カビは洗濯で簡単に落とせますが、 皮脂汚れや高温多湿などが原因の黒カビや赤カビ（ピンク汚れも含む）は、 洗うだけでは落ちません。下記の流れつけ込み洗いを行いましょう。

1 桶に60℃程度のお湯を入れ、洗剤と粉末酸素系漂白剤を溶かす

※お湯2ℓに対して洗剤と漂白剤を20g（mℓ）
※衣類の大きさに合わせて各種の量を調整
※品物によって湯温と洗浄剤を調整する
P40参照

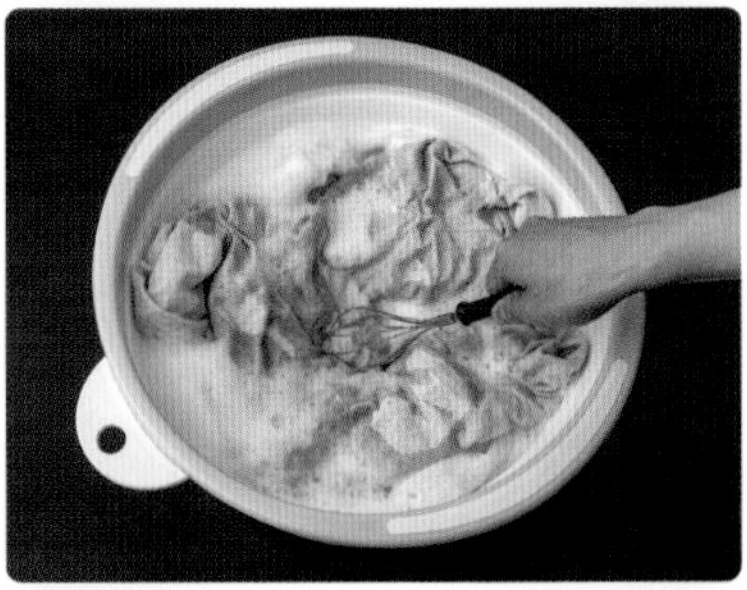

2 洗濯物を入れて、菜箸などで衣類を沈めて漬込む

3 桶の上に布などを被せて、保温する

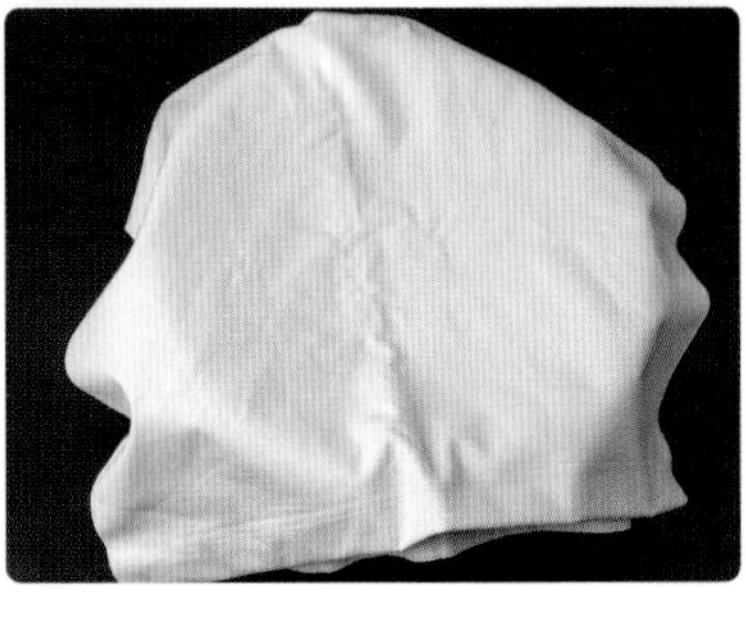

4 翌日、洗剤液を流してから洗濯する

5 天日干しをする

墨汁のシミ

完全に落とすことが難しいのが墨汁。時間が経つと一層落ちにくくなるため、その日のうちにシミ落としをしましょう。習字をする時は、全身黒い服を着用して汚れ対策を。

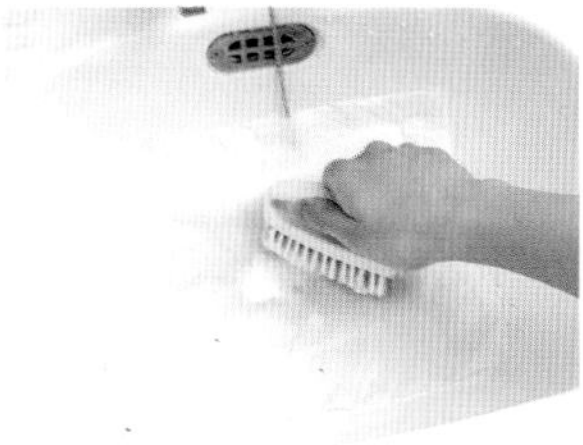

1 米粒と洗濯洗剤を混ぜる。ティースプーンにのる程度のご飯に対して、洗剤数滴程度（米粒がなければ4から始める）

2 混ぜて作ったものを塗り付け、擦り込む

3 擦り込んだものが黒くなってきたら、水で洗い流し、同じことを色が薄くなるまで繰り返す

4 汚れが残っている部分にお湯をかけて、石けん洗剤と粉末酸素系漂白剤を付けてブラシで擦る

5 汚れ部分が内側になるようにたたむ

6 1時間程度おいてから洗濯する

血液のシミ

血液のシミはお湯にいきなり付けてしまうと、たんぱく質が固まって落ちにくくなるので要注意。

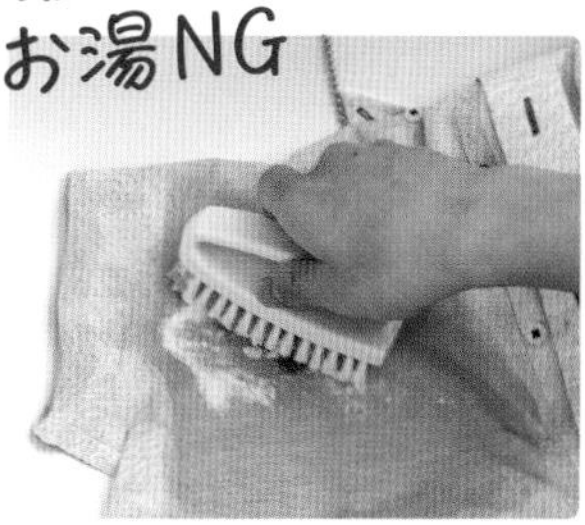

1 水と洗剤を付けて、ブラシで叩いて擦り、水で流す

2 シミが残っていたらお湯と石けん、粉末酸素系漂白剤を付けて、ブラシで叩いて擦る

3 汚れ部分を内側にしてたたみ、1時間程度おいてから洗濯する

COLUMN

きれいにシミを取るために知っておきたい

シミ抜きの注意点❶

色落ちを防ぐための温度調整

お湯の温度が高くなれば、 洗浄力が高くなり汚れが落ちやすくなります。 しかし、 温度が高いほど色落ちの原因にもなります。 汚れがきれいに落ちて色落ちしないため、 下記の湯温の目安と洗浄剤の組み合わせを参考にしてください。 シミ抜きはリスクがありますので、 必要な物はクリーニング店に依頼しましょう。

つけ込みの湯温の目安温度と洗浄剤

白シャツ・白物（コットン）	約60℃	洗剤＋漂白剤
一般衣類・合成繊維100% （ポリエステル・ナイロン・アクリル）	約40～50℃	洗剤＋漂白剤
濃色衣類	約30℃	洗剤のみ （漂白剤不使用）

シミ抜きの湯温の目安温度と洗浄剤

白シャツ・白物（コットン）	約60～100℃	洗剤＋漂白剤
一般衣類・合成繊維100% （ポリエステル・ナイロン・アクリル）	約40～50℃	洗剤＋漂白剤
濃色衣類	約30℃	洗剤のみ （漂白剤不使用）

※約60℃のお湯は、 沸騰したお湯と同量の水を入れる。
40℃のお湯は、 水６：沸騰したお湯4の割合

合成繊維100%素材は温度に注意！

ポリエステル、ナイロン、アクリルなどは熱に弱い素材のために、50℃以上のお湯を使うとシワシワになり、元に戻らなくなるので注意が必要です。綿と合成繊維の混紡繊維は、合成繊維100%に比べると多少熱に強いので60～100℃のお湯を使うことができます。シミ抜きをする時は「素材」をきちんと確認して行いましょう。

色落ちしやすいものを確かめる

色の濃い衣類（特に赤や紺や黒）は色落ちすることがあります。色落ちしてほしくない衣類は、「色落ちテスト」をして、色落ちしないことを確かめてからシミ抜きしましょう。

色落ちテスト

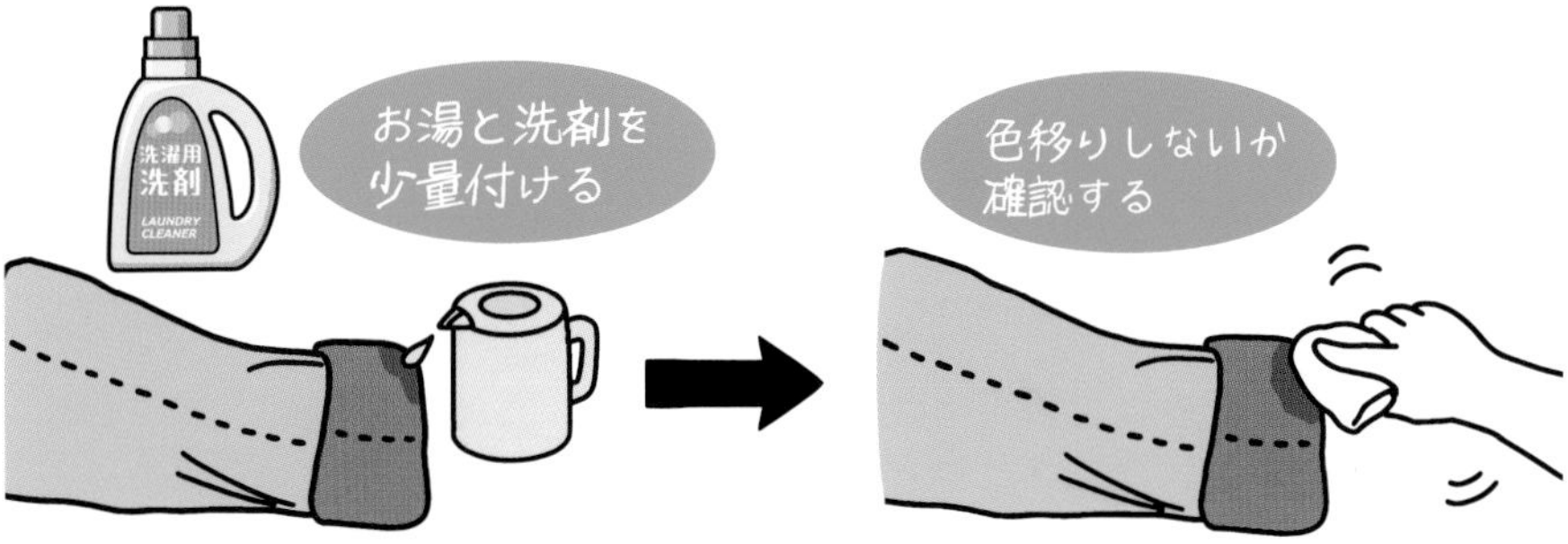

外から見えない所（裾の折り返しや裏地やポケット部分など）に、湯と洗剤を少量ずつ付ける

白い布を押し当てて、色移りしないか確認する

※ 白い布に色が付いたら色落ちする衣類になるため、水でよくすすぎ、シミ抜きは中止する

家庭でできるシミ抜きとそうでない物を見極める

シミ抜きの注意点❷

家庭でシミ抜きできない物

多くの衣類は家庭でシミ抜きすることができますが、 デリケートな素材や家庭で洗濯不可など、 クリーニング店で行ってもらう必要がある物もあります。 高級品や大切している衣類は、 信頼できるクリーニング店に相談しましょう。

「洗濯禁止」のある家庭で洗濯できない物

色落ちしてしまう物
（P41参照）

プリントや装飾品が付いている物

デリケート素材
（ウール、カシミヤ、シルク、レーヨンなど）の
特殊な素材の物

オイル加工やプリーツ加工などの
特殊な加工の物

天然染料などの
特殊な染料の物

漂白剤の種類と使い方

主な漂白剤は、 粉末酸素系漂白剤、 液体酸素系漂白剤、 塩素系漂白剤の3種類。
それぞれの特徴や使い方など、 漂白剤の違いを知りましょう。

粉末酸素系漂白剤

効果が高く使い易いのでおすすめ!

特徴	漂白・除菌効果が高く、 シミがよく落ちる
有効な使い方	湯温40～60℃+1時間で効果を発揮
使用可・不可	色柄物にも使用できるが、 ウールやシルクなどには使用できない

液体酸素系漂白剤

特徴	漂白・除菌効果が低く、 シミがあまり落ちない
有効な使い方	直接シミに漂白剤をかけてから、 少量のお湯と洗剤を付けて歯ブラシで叩く
使用可・不可	色柄物やウールやシルクにも使用できる

塩素系漂白剤

特徴	漂白・除菌効果が高く、 シミがよく落ちる。 色柄物は色落ち、 繊維が傷む
有効な使い方	漂白剤の適正な濃度に薄めて、 短時間で使用する。 酸性と混ぜると危険なので要注意
使用可・不可	無地の白物（綿・麻・ポリエステル・アクリル） 以外は 使用できない

洗濯表示を確認しよう

衣類のタグに付いている「洗濯表示」を確認して、適切にお手入れできるようにしましょう。

漂白OK

酸素系は可能、
塩素系はNG

漂白NG

Part3

洗濯上手になるコツ

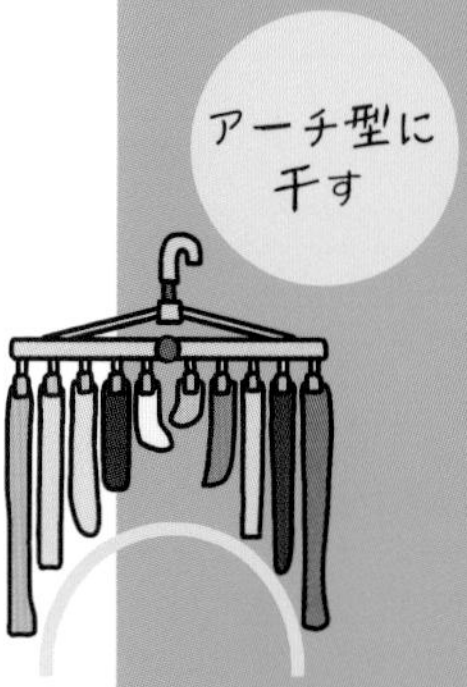
アーチ型に干す

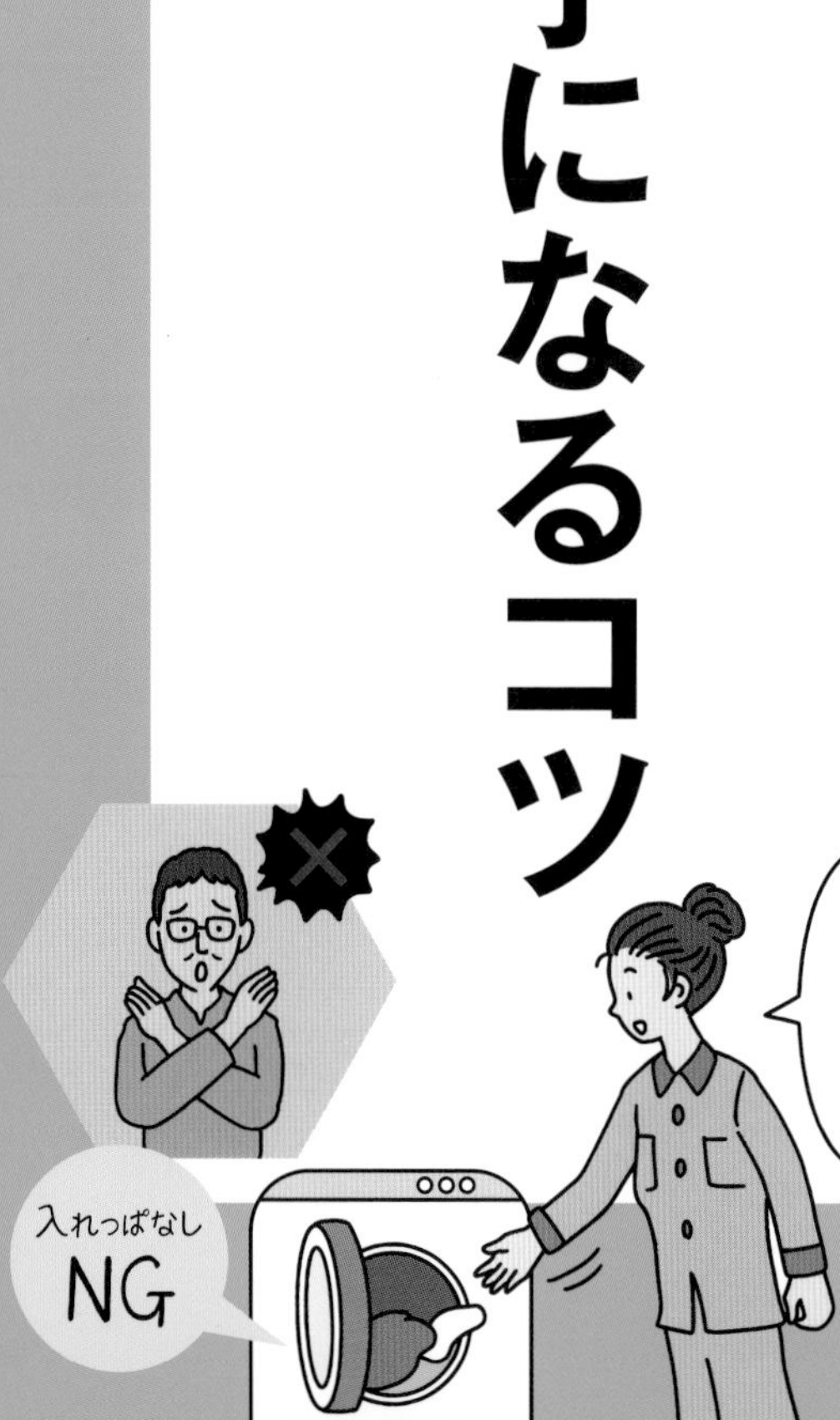
明日洗濯しよう
入れっぱなし NG

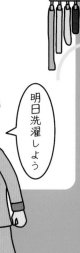

衣類やタオルなど、部屋干しや数日置いて
まとめて洗濯する場合など、
嫌な臭いが残りやすくなります。
しかし、洗濯する時の正しいルールを守れば、
嫌な臭いを取り除くことができます。
また、衣類のシワ、白い洗濯物の黒ずみも
ちょっとしたひと工夫で解決します。
知っておいて損はない
洗濯が上手になるコツを学びましょう。

ちょっとしたコツで嫌な臭いを防止

臭わない洗濯の基本

洗濯物の嫌な臭い防止には〝正しい洗濯〟をすること

タオルやシャツから嫌な臭いすることがあります。除菌消臭洗剤や抗菌消臭柔軟剤を使って洗っても時間が経ったり、湿ったりすると、臭い戻り（乾かした後は臭わず、しばらくしてから臭いがすること）が起こります。合成洗剤や柔軟剤で洗濯物の臭いを一時的に覆い隠しても、臭いの元となる〝見えない皮脂汚れ〟が残っていると、再び嫌な臭いが復活してくるのです。その〝見えない皮脂汚れ〟は、消臭除菌洗剤や消臭柔軟剤を使っても落ちにくい汚れ。正しい方法で洗濯することが大切です。洗濯前の保管方法、洗濯方法、干し方を変えるだけで、洗濯物が臭わなくなります。

明日洗濯しよう
入れっぱなしNG

Point!

- 洗濯機に使用済みタオルや汗の付いた衣類を入れておかない
- 洗濯機は使い終わったら乾かす
- 1回すすぎコースで洗うと臭いやすくなる
- 部屋干しは風を当てることが大事
- 洗濯機は定期的に洗浄する

洗濯物の臭いを防止する 4つのルール

洗濯機を「洗濯カゴ」にしない

生乾き臭を防ぐには、 洗濯前の保管にも気をつけること大切です。 洗濯物を洗濯機に入れておくと、 洗濯層と衣類に雑菌が付き、 臭いやカビが発生します。 洗濯物は風通しのいいカゴに入れて、 湿ったタオルや汗の付いたシャツなどはハンガーなどに掛けておき、 湿った状態で放置しないようにしましょう。

洗濯機を乾燥させることでカビ予防

洗濯後は洗濯槽の内側を乾いていますが、 外側は濡れています。 バスルームと同様で、 濡れたまま締め切ってしまうと、 カビが発生します。 洗濯槽を乾燥させるには、 洗濯機を空にして蓋を開けておいたり、 槽乾燥をしたり。 洗濯機を乾してカビや臭い防止をしましょう。

1回すすぎは汚れや臭いが残りやすい

1回すすぎでは汚れを十分に落とすことができません。 洗濯は水で汚れを希釈してきれいにするため、 すすぎが少なければ十分に汚れが希釈しきれず、 臭いが発生しやすくなります。

部屋干しは風を当てて素早く乾かす

湿った状態が長くなると、 雑菌が繁殖して臭いが発生しやすくなります。 部屋干しは外干しに比べて風が当たりにくく、 乾くのに時間がかかります。 風が当たる様に工夫して干しましょう。 (P50-51参照)

これでシャツに跡が付かない！

シワができにくい干す前の基本

ちょっとした工夫で
乾きやすい＆型崩れしない

洗濯物は、干し方次第で素早く乾いて、きれいな仕上がりになります。衣類の脇の部分、厚手のパーカーのフード、デニムのポケットなどは特に乾きにくいのでひと工夫が大切です。また、洗濯でできたシワを丁寧に伸ばしてから干すことで、アイロンがけをしなくてもきれいに仕上がります。

洋服をハンガーにかけると、肩の部分に跡が付いてしまうことがあります。それは重力に引っ張られて生地が伸びてしまうのが原因です。そのため、型崩れしにくいアーチ型や肩の大きさに合わせてスライドするワイドハンガーなどを選ぶ、または竿にかけるや平干しなど、衣類に合わせた干し方をしましょう。

アーチ型に干す

シワを伸ばして干す

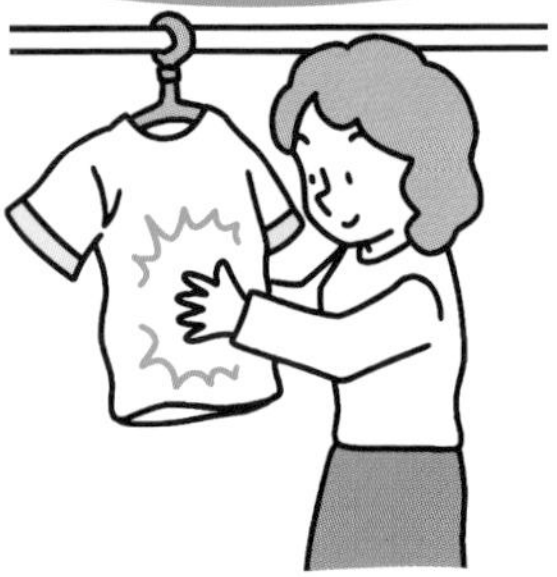

Point!

- 振りさばいてシワを伸ばすことで柔らかくする
- 厚手パーカーなどはフードを広げて、ワイドハンガーにかける
- 厚地のパンツは裏返してポケットを外にして干す
- シャツやニットにハンガー跡が付かないように注意
- アーチ形に干すと乾きやすい

干す前に知っておきたいこと

振りさばくことでシワを伸ばす＆柔らかくする

洗濯物を数回振りさばくことで、シワが伸びてアイロンがけの手間が省けます。シワが残った部分は手の平で叩いたり引っ張ったりしてシワを伸ばして干しましょう。振りさばくことで、タオルやフリースの繊維が膨らんで柔らかくなります。

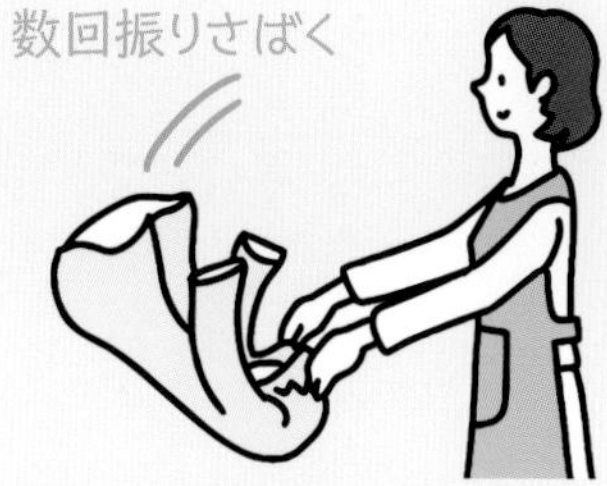

フードは広げて、厚手上着はワイドハンガーに

パーカーのフードは普通に干してもなかなか乾きません。干す時にフードを広げて乾きやすくしましょう。厚手の上着は脇が乾きにくいので、スライド式ワイドハンガーを使って脇を広げて干すと全体的に乾きが早くなります。

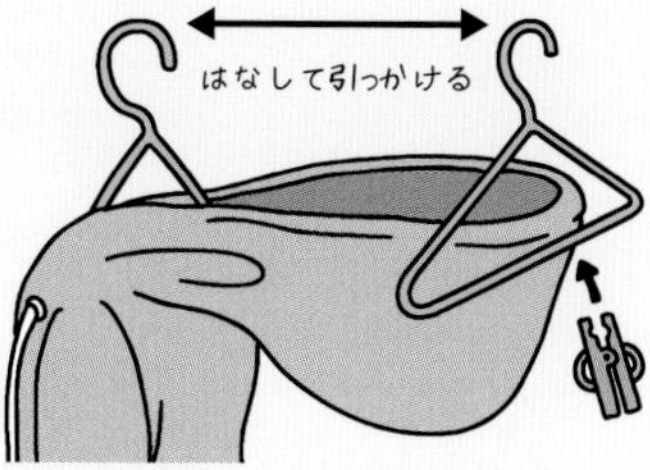

デニムなどの厚地のパンツは裏返して

厚地のパンツやアウターなどのポケットは乾きにくいので、裏返してポケットを外側にして干すことで、素早く乾かすことができます。

アーチ型やスライドハンガーなど型崩れのしないハンガーを使う

肩部分にハンガーの跡が付いてしまうと形状が崩れてなかなか直りません。竿にまたがるようにかけるか、跡の付かないアーチ型のハンガーなどを使って干しましょう。

窓や扇風機を賢く使う

上手な部屋干しの方法

湿気がこもりがちな室内は通気性がカギになる

花粉や雨降りなど、外で干せない時のためにも部屋干しの基本をマスターしましょう。上手な部屋干しの方法を知ることで、花粉や梅雨の時期でも困らず、帰宅が夜遅くなって外干しの洗濯物の取り込みを心配する必要がありません。

部屋干しは、風通しを良くすることが大切です。部屋の風通しが悪いと洗濯物が乾きにくく、生乾きの嫌な臭いが発生する原因になります。空気の流れができるように、窓を開けて、風が通りやすい場所に干すことが基本です。また、窓を閉めて干す場合は、洗濯物にサーキュレーターで風を当てるとより早く乾かすことができます。

部屋の対角にある窓を開けると効率的

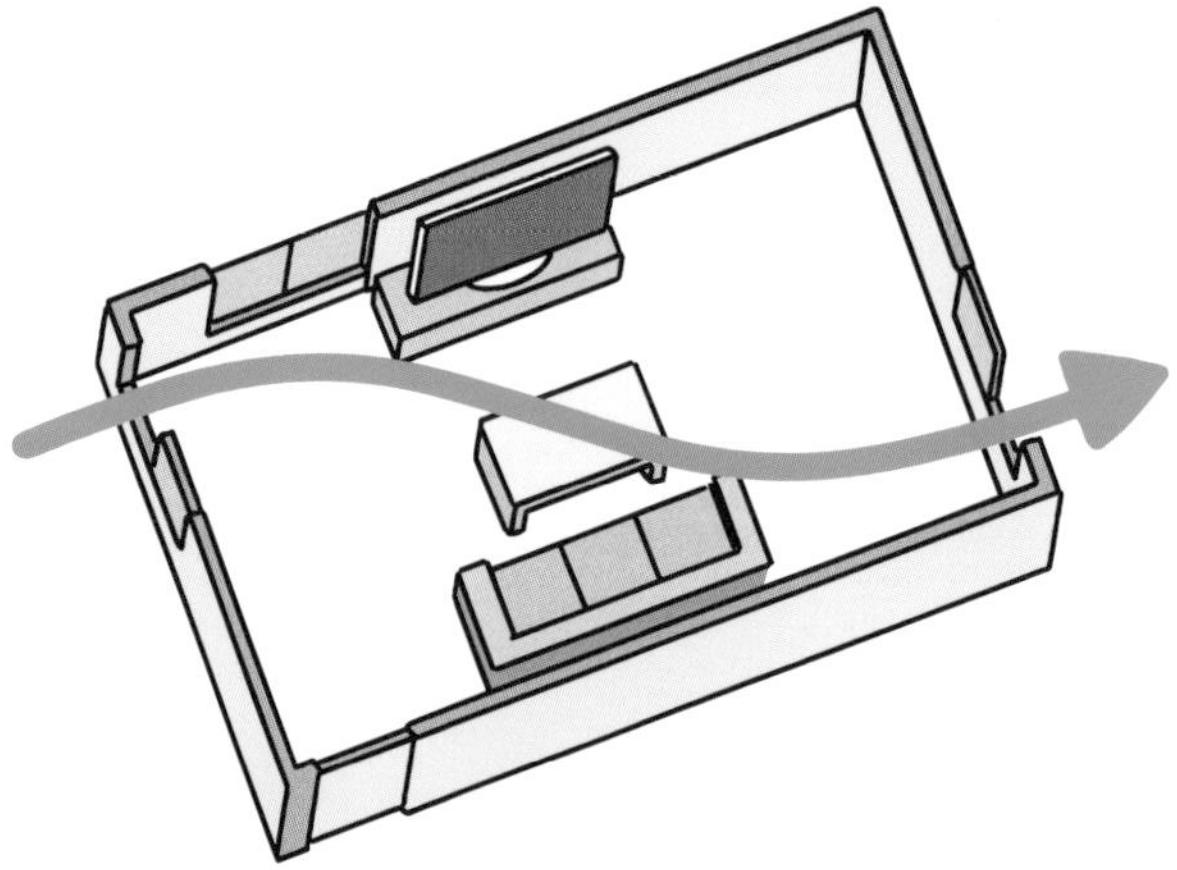

Point!

- 洗濯物の間隔をこぶし1個分あける
- 部屋の風通しを良くする
- 窓を閉める場合は換気、または除湿のどちらかをする
- 風を当てて早く乾かす
- 乾きにくい物は高い所に干す

上手な部屋干しのコツ

間隔をこぶし1つ分空けて干す

洗濯物と洗濯物の隙間が少ないと、風の通りが悪くなり乾きづらくなります。握りこぶし1つ分空けて干すことで、乾きが早くなり、生乾きの嫌な臭いの発生も防ぐことができます

空気の流れをつくる

部屋の対角線上にある窓を2か所開けると、空気の流れがよくなります。部屋に窓が1か所しかない場合は、換気扇を回す、またはサーキュレーターを外に向けて回して、部屋干しで湿った空気を外に出しましょう。

窓を閉めて干す場合

「換気扇」「除湿機やエアコン」「サーキュレーター」のいずれかを利用しましょう。除湿機＋サーキュレーター、もしくは換気扇＋サーキュレーターと組み合わせるとより効果的です。ただし換気扇と除湿機の組み合わると効果を相殺してしまいます。エアコン暖房時に部屋干しすることで、室内が加湿されているので効率的です。窓際や壁際に干すと乾きにくくなるので、できるだけ離して干すことで乾きやすくなります。

乾きにくい物は高い所に干す

高い場所は湿度が低く、低い場所は湿度が高くなるので、乾きにくいものは優先的に上に干しましょう。

色の濃い品物は日に当てない

部屋干しでも紫外線により洗濯物が日焼けします。裏返しにして日の当たらない所に干しましょう。カーテンレールにかけるとすぐに日焼けしてしまうので、避けてください。

しっかり乾かせて臭いも取り除く

上手な外干しのコツ

素早く乾いて臭い対策◎
外に干す時は天気の変化に注意

天日干しした洗濯物は、しっかり乾いて雑菌を殺菌し、臭いを取り除くことができます。そのため、嫌な臭いがせず気持ちよく使うことができます。しかし、紫外線が当たると日焼けして色が褪せてしまうことがあるので、天日干しのしすぎには注意が必要。朝に干して夕方前に取り込むのがベストですが、朝に干す時間がなく、夜干す場合は、風に飛ばされないようしっかり固定して干しましょう。

花粉や黄砂が多い時は洗濯物をよく払ってから取り込みましょう。また、乾燥機を数分間使用することで花粉や黄砂を取り除くことができます。天気の急変もあるので、外干しする時は天気予報のチェックを忘れずに。

Point!

- 天日干しすることで臭いや湿気を取り除く
- 衣類も日焼けして色褪せるので干しすぎに注意
- 朝に干して15時頃に取り込むのがベスト
- 風で飛ばされないように洗濯物を固定する

上手な外干しのコツ

紫外線で消臭殺菌効果＆シミ色素の分解

天日干しをすると、紫外線による高い消臭殺菌効果が得られます。また食べ物や飲み物で付いたシミが消えることもあります。

色の濃い衣類は裏返して陰干し

日に当てると色の濃い衣類は色褪せてしまいます。裏返しにして陰に干すか、部屋干しをしましょう。

外干しタイムは朝から15時頃までがベスト

外干し時間は湿度の少ない9時～15時頃がベストな時間帯です。季節や時期によりますが、16時以降は湿度が高くなり、衣類が湿気を吸ってしまいます。また、衣類を真夏の強い紫外線に長時間さらしておくと、日焼けして変色してしまう可能性があるので、乾いたら早めに取り込みましょう。

洗濯物の乾きムラや飛ばされないよう固定

洗濯物が風で動いてしまうと乾きムラになります。洗濯バサミなどで洗濯物はしっかり固定しましょう。朝に風がないと思っていても、午後に風が強くなることがあります。洗濯物を固定することで風に飛ばされる心配もなくなります。

洗濯物が
動かないように
固定

すすぎ「1回」⬇「2回」へ

白い洗濯物が黒ずまない洗濯

水道代を〝ケチる〟ことで白い衣類が黒ずんでしまう

真白だった白い衣類が、洗濯しても徐々にグレーっぽくなってしまいます。まだまだ着用したいのに黒ずんでしまうと、汚らしく見えてしまうので、処分したり部屋着にしたりすることがあるのではないでしょうか？　白物衣類は、洗濯の時に他の衣類の汚れを吸い取ってしまうことで、黒ずみが起こります。黒ずみの原因は洗濯物の入れすぎや水量不足により、汚れが再付着するからです。

2回に分けて洗濯するのはもったいないから、洗濯物を詰め込んで1回で洗濯する。洗濯の水道代がもったいないから1回すすぎにする。これらの〝もったいない〟が、洗濯物の黒ずみを発生させてしまうのです。

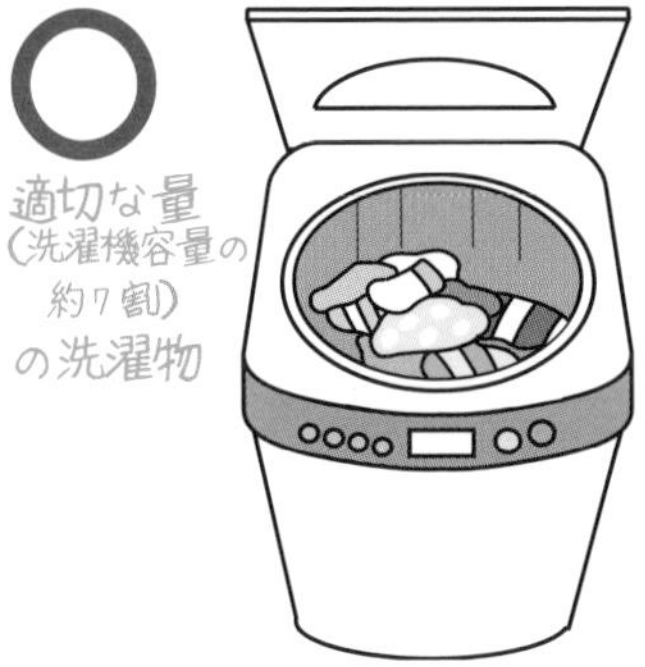

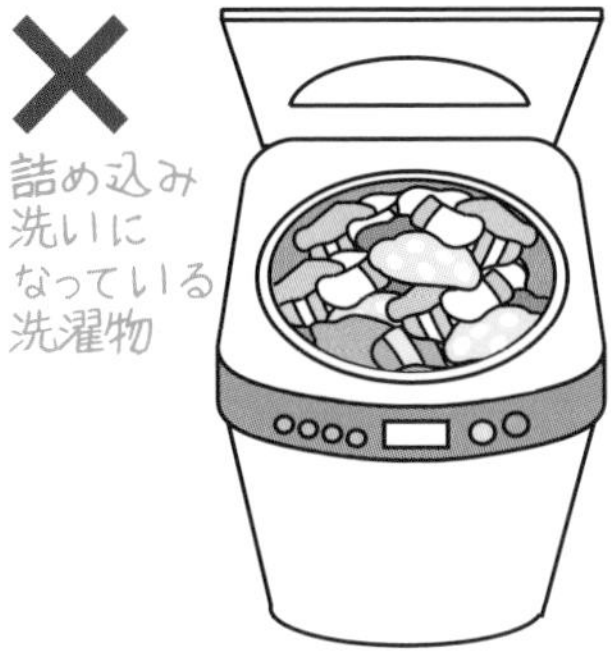

Point!

- 「1回すすぎ」「洗濯物の入れすぎ」が黒ずみを発生させる
- 洗濯物は「7割以下」できれいに洗える
- 汚れ物を洗う時は洗剤を少し多め、水量を多め（またはすすぎ回数をふやす）で洗濯
- 白い物は汚れ物と一緒に洗わないこと

きれいな“白さ”を保つ秘訣

「1回すすぎ」は黒ずみやすい

「すすぎ」は汚れを希釈するためにとても大切です。「1回すすぎ」設定で洗濯すると、汚れが十分に希釈できず、汚れや洗剤が残って黒ずみやすくなります。きちんと汚れを落としたい物は「2回すすぎ」できれいしましょう。

洗濯物は入れすぎると汚れが落ちない

洗濯物の量はは7割程度で洗うことで、最もきれいになります。それ以上の洗濯物を入れすぎてしまうと汚れ落ちが悪くなります。また、すすぎも不十分になり、黒ずみや臭いが発生します。洗濯機メーカーや洗剤メーカー各社の多くは「洗濯物は7割まで」を推奨しています。

ドラム型洗濯機は？

ドラムを真横から見て5～6割程度

縦型洗濯機は？

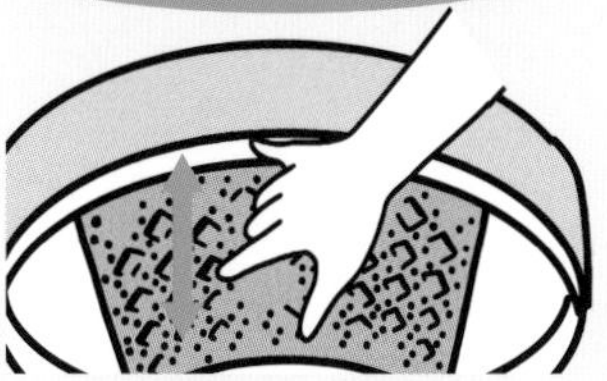

洗濯槽のへりから10～15㎝下の高さ

洗剤を汚れに合わせて調整

汚れに対して洗剤が不足すると、落ちた汚れが再び衣類に付着してしまいます。汗や汚れが多い時は、水量（またはすすぎ回数）を増やして洗剤も少し増やして洗濯しましょう。ただし、洗剤を増やしすぎると、汚れや洗剤が洗濯物に残留してしまうので注意。

汚れが多い物と白い物は一緒に洗わない

汚れている物と白い物を一緒に洗うと、洗濯機の中で汚れが白い衣類に付着して黒ずみが起こります。特に合成繊維は、汚れを吸収しやすい素材です。白い物と、汚れが多い物や泥汚れが付いている物はきちんと分けて洗いましょう。

洗濯ネットを上手に使いこなす

衣類にやさしい、傷まない洗濯術

きれいな状態で着続けるには〝やさしく洗う〟こと

できるだけきれいな状態で長く着続けるためには、衣類を傷めずにやさしく洗うことが大事です。洗っている時に洗濯物が絡まってしまうと、ヨレヨレになったり、伸びてしまったりします。洗濯ネットを活用することで、衣類の絡まりや摩擦を防いでやさしく洗うことができます。洗濯物を畳んで1つのネットに1点入れて洗濯するとシワになりにくくなります。複数の洗濯物を一緒に入れてしまうと効果が減少するので要注意。ただ、臭いや汚れが気になる洗濯物はネットに入れずに洗った方がきれいに洗えます。

上手に洗濯ネットを使い、洗濯物を入れすぎないことで、洗濯の仕上がりが向上します。

Point!

- 長袖インナーやレギンスは絡まらないようにネットに入れる
- 新しい衣類やタオルはネットで柔らかさを維持できる
- フリースや起毛素材はネットで風合が長持ち
- ネットは1枚に付き1点の品物を入れる
- 5～7割程度の洗濯物を洗濯する

“やさしい洗濯”の仕方

細長い洗濯物は洗濯ネットに入れる

洗濯物が絡まると無理に引っ張られて、繊維が傷んでしまいます。そうすると、衣類がヨレヨレになったりシワシワになったりします。特に細長い洗濯物は絡まりやすいので、洗濯ネットに入れて洗いましょう。

洗濯ネットに入れると新品の風合いが長持ち

洗濯ネットを使うことで、繊維の油分が落ちづらくなり、張りを保ち、質感や柔らかさが維持できます。例えば、新しいタオルを洗濯ネットに入れて洗うと、柔らかさが長持ちしやすくなります。

フリースや起毛素材の風合いを維持

洗濯ネットには、摩耗・脱毛を防いで風合いを長持ちさせる効果があるため、起毛素材、フリースにも効果的です。フリースは洗濯するたびにマイクロプラスチックが排水され、海洋汚染の要因にもなります。洗濯ネットに入れることでマイクロプラスチックを軽減できるので環境保護につながります。

ネットに品物をたくさん入れてはいけない

たくさん入れると汚れが落ちなり、ネットの中で絡まりや摩擦が起こります。1枚のネットに1点がベスト、多くても2点までに抑えましょう。

たっぷりの水で余裕を持って洗う

縦型洗濯機の場合は、水の中で洗濯物が泳ぐように洗うのが理想です。水が少なかったり、洗濯物が多かったりすると芋洗い状態になり、激しく擦れ合い、繊維が傷んでしまいます。ヨレヨレになったり、張りがなくなったりしてふっくら感が減少し、保温性や吸水性が落ちてしまいます。そのため、水は多く、洗濯物は7割以下で詰め込みすぎず洗うことが大事です。

普段以上の注意が必要

衣替えの洗濯の作法

皮脂汚れが変色することで〝黄ばみ〟が発生する

「衣替えして着ようと思ったら黄ばんでいた」「洗濯して汚れがない状態で仕舞ったのに、なぜか黄ばんでしまった」。そうした〝黄ばみ〟は、目に見えない皮脂汚れが時間を経過することで黄色に変色したのが原因と考えられます。洗濯してきれいに見えていても、実は無色透明の皮脂汚れが残っていることがあります。

皮脂汚れはもともと落ちにくい汚れのため、衣替えで仕舞う時には、日常の洗濯の時以上に気を遣い、しっかり皮脂汚れを落とさなければいけません。

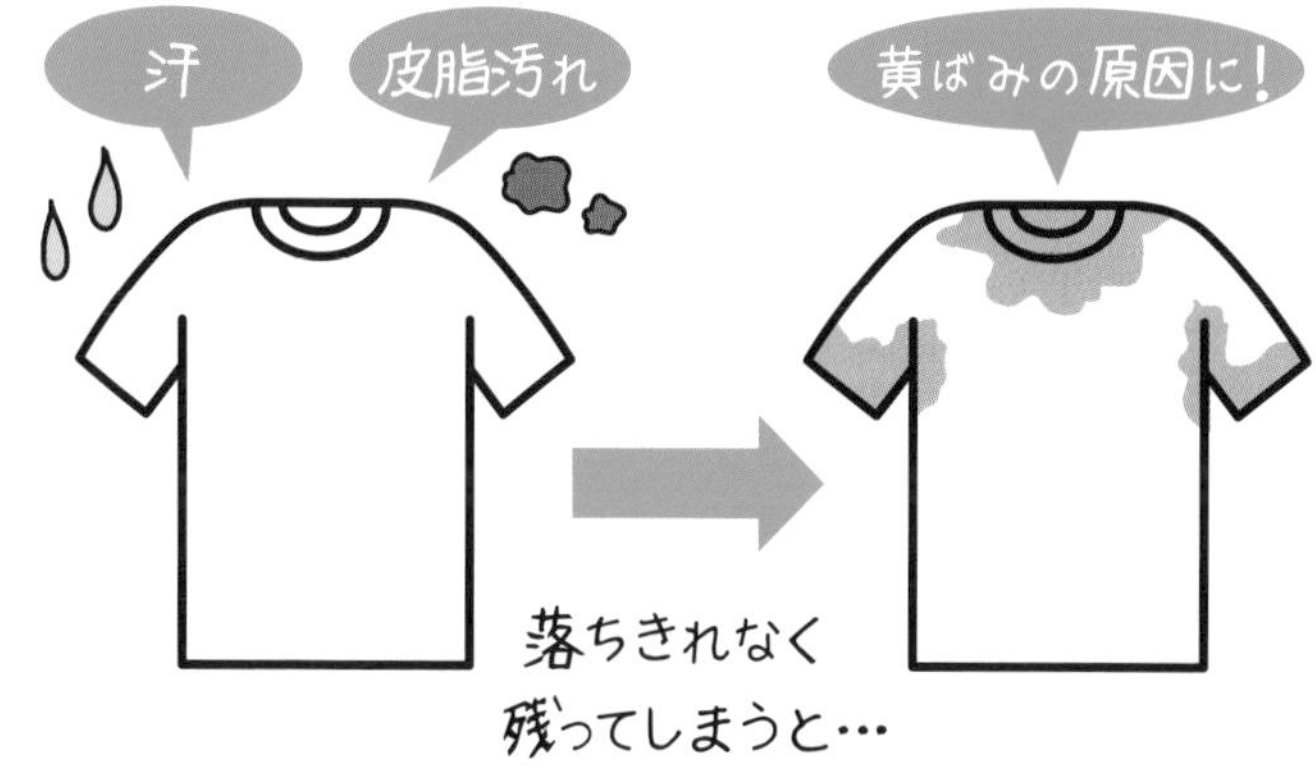
汗
皮脂汚れ
黄ばみの原因に!
落ちきれなく
残ってしまうと…

Point!

- お急ぎ・1回すすぎコースでは洗わない
- 洗濯物の量を7割以下で汚れをしっかり落とす
- 水量を高め、またはすすぎ回数を増やす設定をして洗剤や汚れを残さない
- 天気の良い日に干して、完全に乾かす
- 汗がたくさん付いた白シャツなどは漬おき洗いする

黄ばみを防ぐ漬おき洗い

汗
皮脂汚れ

1 黄ばみやすい白シャツなどを選ぶ
（選り分ける）

洗面器に
お湯と洗剤を
いれて
溶かす
洗剤

2 洗面器にお湯（約40℃）と
洗剤大さじ約2杯を溶かす

洗濯物を漬け込む

3 衣類を洗剤液に1時間程度、漬け込む

洗濯機に
洗剤液ごと
入れて
洗濯

4 漬け込んだ後、洗濯機に
入れて洗濯する

COLUMN

湿気が最大の難敵

衣替えする時の収納方法

衣替えは天気が良く湿度の低い日に 梅雨時や雨天時の衣替えはカビの原因に

大切にしていた衣類にカビが付いていたことはないでしょうか？　カビは湿度70％以上で発生しやすく、特に梅雨の時期に繁殖します。意外にも部屋の中は年中湿度が高い状態です。浴室洗面所は90％以上、クローゼットや押し入れ内は70〜90％以上も常に湿度があると言われています。

梅雨から初夏にかけては特に湿度が上がり、カビの大量発生のシーズン。この期間は月に1回は、天候が良い日にクローゼットや押し入れを換気して、除湿器や除湿剤などを使って湿気をためないようにしましょう。

湿度の低いところに収納することが大切です。そのため、収納場所に上段・下段がある場合は、日常使いする衣類は下段、仕舞い込み衣類は上段に収納するとカビにくくなります。特に皮製品、ウール、シルクはカビが生えやすいので注意が必要です。

高い場所＝湿度が低い、低い場所＝湿度が高い

湿度は下のほうにたまりやすい性質があります。そのため、クローゼットであれば上の位置に収納するほうが湿度は低くなります。衣替えで使用しない物は、なるべく上の位置に保管するとよいでしょう。

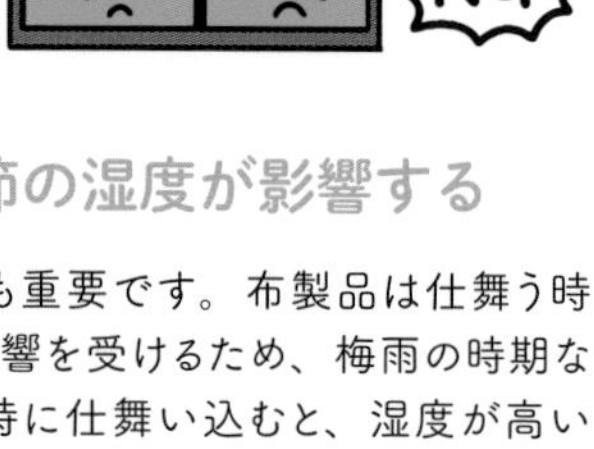

その時の季節の湿度が影響する

仕舞い込む時期も重要です。布製品は仕舞う時の湿度によって影響を受けるため、梅雨の時期などの湿度が高い時に仕舞い込むと、湿度が高い状態のまま収納することになってしまいます。そのため、春のうちに冬物をきちんと保管しておくなど、湿度が低い時期に収納しておくようにしましょう。

カビを防ぐ収納のコツ

湿度が低め、天候の良い日に衣替えの収納をする

湿度の高いシーズンや、雨などの天候が悪い日に衣類を収納すると、その時の湿気を衣類が吸ったまま仕舞い込むになるので要注意です。

梅雨明けの天気の良い日に換気をする

梅雨の時期は、クローゼットや押し入れに特に湿気がたまりやすくなっています。梅雨時の晴れ間のある日や、梅雨が明けた時期にはしっかり換気して湿気を取り除きましょう。

消臭スプレーだけして収納はNG

衣類を洗濯せずに消臭スプレーを使って済ます方もいるかもしれません。しかし、スプレーして長期間仕舞っておくと黄ばんでしまうことがあります。そのため、数回の着用であっても少しでも汚れや臭いが付いている物は洗ってから仕舞うように心がけましょう。

ウール製品の防虫対策

ウール製品（特にカシミヤなどの高級品）は、虫に食べられやすいので、注意が必要です。一般に販売されている防虫剤は毒性があるので、気になる方は、化学物質を含まない天然ハーブの防虫剤がおすすめです。衣類の圧縮袋に入れることで防虫剤が不要になります。化学繊維は基本的に虫食いが起きません。しかし汚れが付いていると虫食いが起きやすくなるので、洗濯してから収納しましょう。

Part4

クリーニング物の半分以上は家庭で洗える

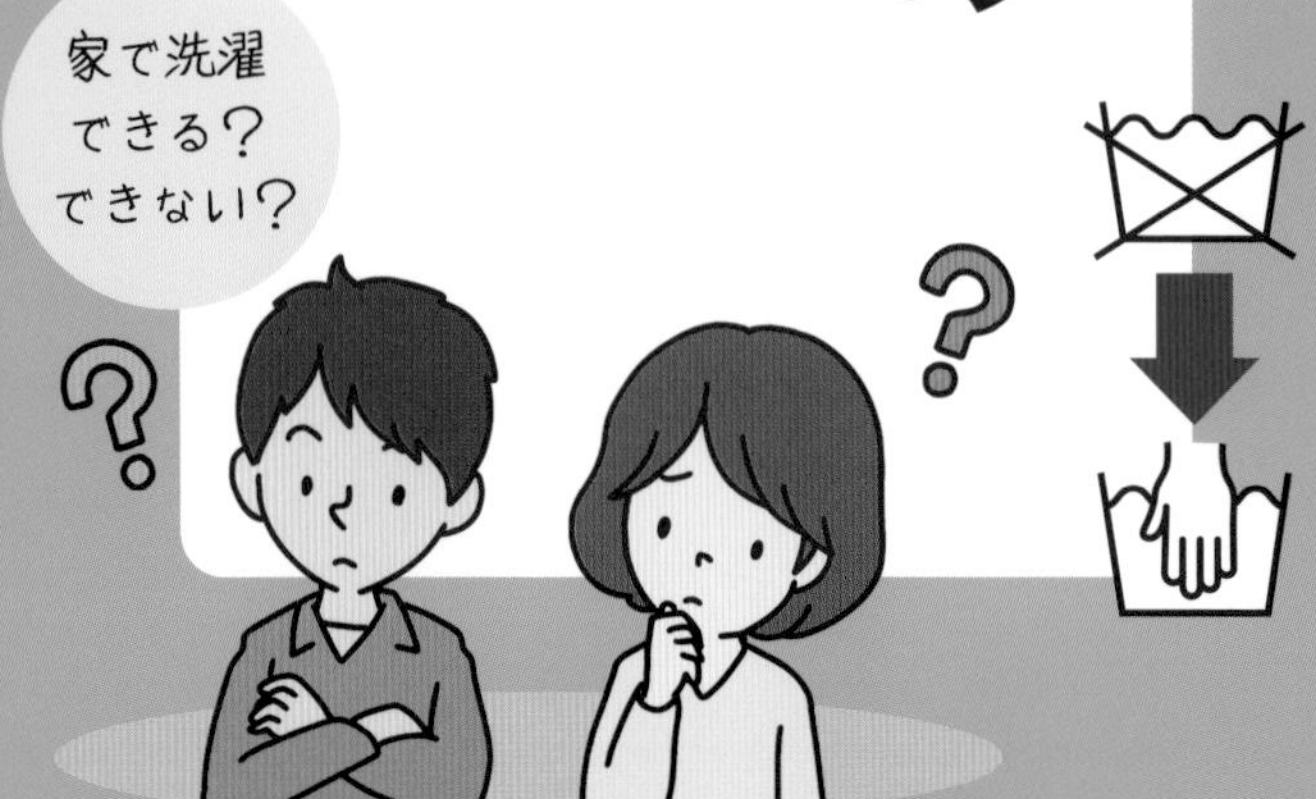
家で洗濯
できる？
できない？

衣類のタグに見られる「ドライマーク」。
これはクリーニングに出さないといけない
という意味ではありません。
家庭で洗うための「ドライマーク」表示の衣類、
家で洗いにくいと感じやすい
ダウンウエア、ジャケット、セーターなど
冬物衣類の家庭洗濯のポイントを紹介します。
家庭で洗うことができれば、
クリーニング費用も節約できます。

クリーニング費用を節約!

ドライマークでも家庭で洗える

ドライマークは「クリーニングに出す」は間違い!

ドライマークが付いているから、クリーニングに出した方が良いと思っている方は多いかもしれません。しかし、それは実は間違いなんです。

そもそも、ドライマーク、「ドライクリーニングができる」という意味です。「ドライクリーニングの方が適している」ということではありません。ドライマークと洗濯マークの両方のマークが付いている場合、ドライも家庭洗濯もどちらもできることを示しています。「ドライマーク」が付いていても、「洗濯マーク」が付いていれば家庭洗濯ができます。そのため、洗濯表示の内容を正しく知っておくと、クリーニングの出費も省けて便利です。

Point!

- 「ドライマークはクリーニングに出す」、ではない

ドライマークは、“ドライクリーニングしかできない”ということではありません。“ドライクリーニングが可能”という意味で、必ずしもクリーニングに出す必要がないのです。

新表示

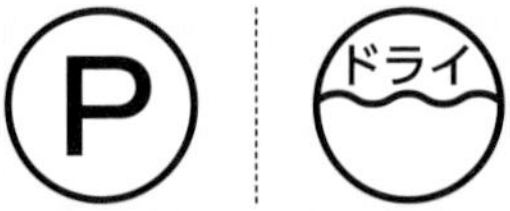

旧表示

ドライクリーニングができる

- ドライマークと洗濯マークの両方のマークが付いている場合は、ドライも家庭洗濯もどちらもできる

取り扱い新表示

取り扱い旧表示

クリーニングの半分以上が家庭で洗濯できる

クリーニングに出すのが半分になる

クリーニングに出す前に、取り扱い表示を確認しましょう。洗濯できないと思ってクリーニングに出していた品物の半分くらいは家庭で洗濯できることがあります。表示を確認して洗濯できない物だけを、クリーニングに出すことでクリーニング代の節約になります。

洗濯表示のマークはすべて家庭で洗濯できる

新表示

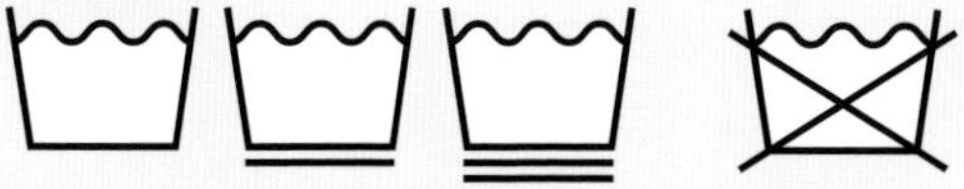

洗濯機で洗濯ができる　　洗濯できない

旧表示

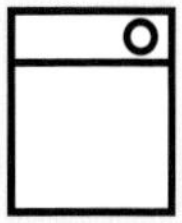

洗濯機による
洗濯ができる

液温は30℃を限度とし、
弱い手洗いができる

ダウンコートやビジネススーツ、カシミヤニットであっても、洗濯表示のあるマークの物はすべて家庭で洗うことができます。意外にもハイブランドの高級品やゴアテックスなどの特殊品でも、家庭で洗える物が多くあります。クリーニングに出す前に洗濯表示をチェックする習慣をつけましょう。

洗濯不可のマークも合成繊維は洗える

合成繊維はプラスチックと同様、水洗いに強いので、合成繊維（ポリエステル・ナイロン・アクリル）100%の品物の多くは洗濯することができます。

合成繊維の比率が高いと、洗濯に強い

合成繊維が70%以上の表示があれば、洗濯してもシワになりにくい衣類です。50%以上の物は少しシワになりやすいため、アイロンがけが必要です。

※洗濯できないマークの品物は、トラブルが起きても自己責任になります。慎重にご判断下さい。

ドライでは汗や飲食の汚れはほとんど落ちない！

ドライより家庭洗濯の方がきれいになる

ドライ溶剤は同じ溶剤を繰り返し長期間使い続ける

汚れには主に水性と油性があります。水性汚れ（汗・飲食・土など）は全体の約80％で、油性の汚れは約20％と言われています。ドライクリーニングは油性溶剤で洗うため、油性の汚れを落としますが、水溶性の汚れはほとんど落とすことができません。そのため、ドライクリーニングは〝汚れを落とす〟ではなく〝汚れをぼかす〟と言われることもあります。実は家庭で洗った方が圧倒的にきれいになります。

ドライ溶剤の汚れはフィルターなどで吸着させます。しかし、ドライクリーニングの溶剤は、循環して繰り返し同じ溶剤を使い続けます。ドライ溶剤の汚れが品物に付着すると、ドライ臭くなり、黒ずんでしまいます。水洗いは、洗濯した水を排水して、新しい水ですすぎます。しかし、ドライクリーニングは溶剤で洗浄して、脱液して終了のため、新液ですすぐ工程がありません。また、何十着の衣類を一度に洗うので、衛生面でも家庭洗濯の方が優れていると言えるかもしれません。

ドライクリーニング溶剤の循環システム

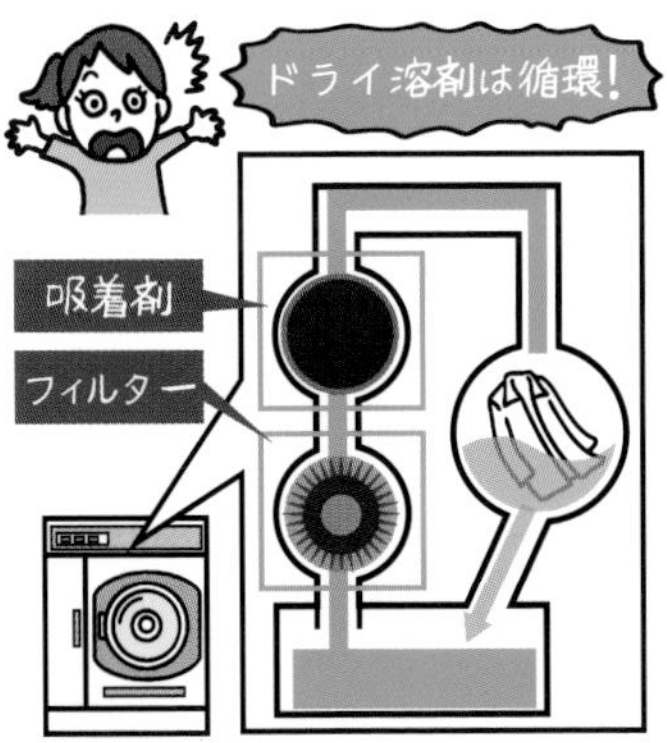

Point!

- ドライクリーニングは、汗や食べこぼしなどの汚れはほとんど落ちない
- 家庭で洗った方がドライクリーニングよりも、より多くの汚れを落とすことができる
- ドライ溶剤は水の様にきれいではない
- 溶剤汚れがドライ臭や黒ずみを起こす

水洗いとドライクリーニングの比較

汚れのほとんどは水溶性の成分

一般汚れの成分
水溶性：約80%
油溶性：約20%

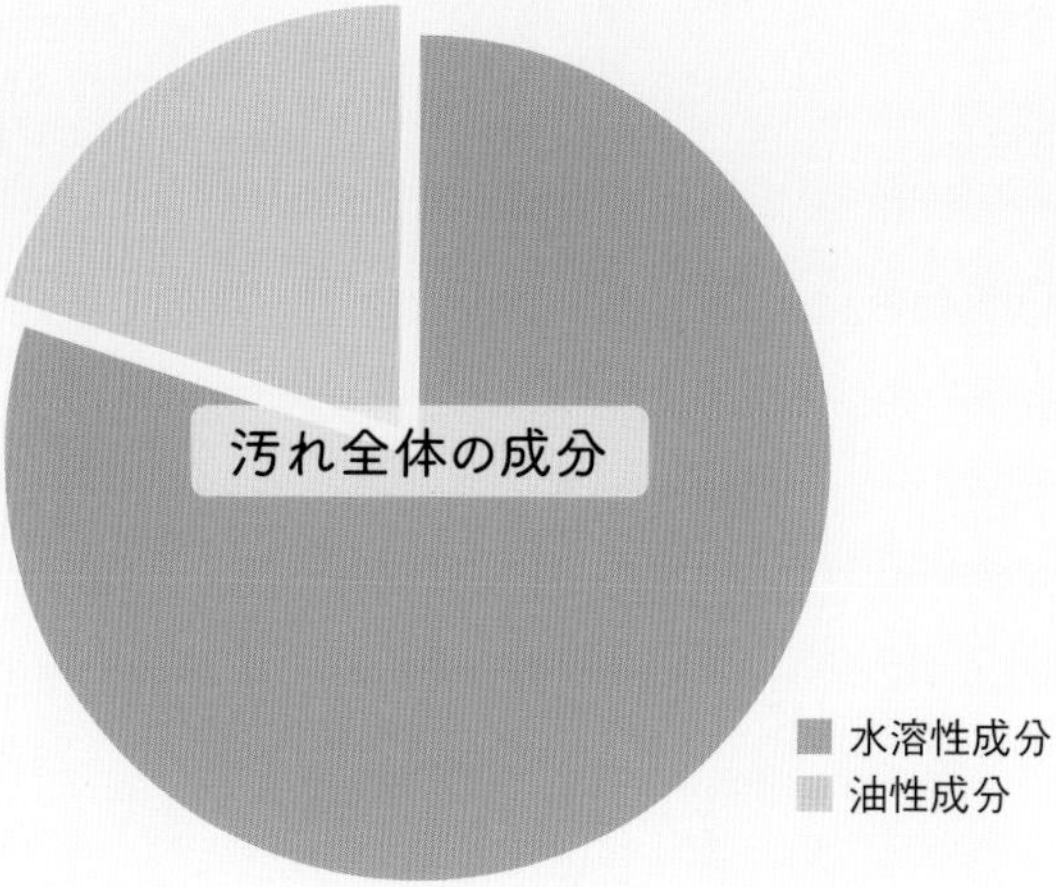

水洗いとドライクリーニングの汚れ除去率
（消費生活総合センター商品テスト課テスト結果より抜粋）

	水洗い	商業ドライ
水溶性の汚れ	100%	約6%
油汚れ	約20%	約60%

【水洗い】
水溶性80%×100%＝80%
油　性20%×　20%＝　4%
合計84%

【ドライクリーニング】
水溶性80%×　6%＝　4.8%
油　性20%×60%＝12%
合計16.8%

水洗い汚れ除去率 約84% ≧ ドライクリーニング汚れ除去率 約16.8%

洗える物は家で洗濯する！

洗える物、洗えない物を見分ける

洗濯の取り扱い表示を見て家庭洗濯できるものを確認

　クリーニングに出すか、家で洗濯するか迷うことがあると思います。そんな時は、取り扱い表示に洗濯できるマークがあるか確認しましょう。洗濯できるマークがあれば安心して洗濯することができます。洗濯できる品物は、表示通りに洗濯すれば傷むことはありません。ダウンやコート、スーツ、カシミヤニットなど、クリーニングに出すのが当たり前だと思っている品物の多くが、家庭で洗濯できるのです。取り扱い表示を確認するだけで、クリーニングに出す品物を大幅に減らすことができます。家庭洗濯できれば、汚れが付いたらすぐに洗えて、いつもきれいで、おしゃれもより楽しむことができます。

家で洗濯できる？できない？

Point!

- 衣類の見た目では洗濯できるかどうかはわからない
- ハイブランドや高級品も実は家庭洗濯できる
- 婦人礼服もほとんどは家庭洗濯できる
- アウターも洗える物が多いので取り扱い表示をチェック

家庭洗濯できる**ダウンウエア**例

ノースフェイス

素材

表地 70D Recycled GORE-TEX（2層）
（表側:ナイロン100%、裏側:ePTFE）
裏地 PERTEX Quantum（ナイロン100%）
中綿 GreenRecycled CLEANDOWN
（ダウン80%、フェザー20%）

表地がゴアテックスため水を通しません。裏返しにして洗濯して、裏返したまま干すことが大切なポイントです。

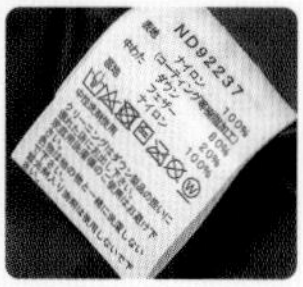

モンクレール

素材

表地 ナイロン100%
裏地 ナイロン100%
中綿 ダウン90% フェザー10%

取扱表示は家庭洗濯できます。P76～81を参考に洗濯してみましょう。ボリュームが減ってしまっても、洗濯すれば新品同様にふっくら仕上がります。

家庭洗濯できる**コート例**

ロングコート

素材

表地　ポリエステル100%
裏地　ポリエステル100%

おしゃれ着（ドライ）コースで洗えます。 干す時にシワを伸ばせば、きれいに仕上がります。

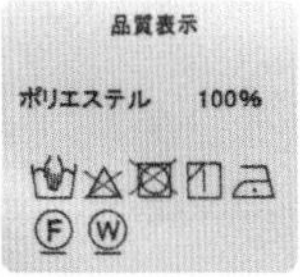

キルティングコート

素材

ポリエステル

おしゃれ着（ドライ）コースで洗えます。 干す時にシワを伸ばせば、きれいに仕上がります。

家庭洗濯できるジャケット例

フェイクレザージャケット

素材

表地　合成皮革(ポリウレタン)
裏地　ポリエステル

おしゃれ着（ドライ）コースで洗えます。 干す時にシワを伸ばせば、きれいに仕上がります。 ポリウレタンは2〜5年程度で劣化しやすくなります。

モンベル
ゴアテックスジャケット

素材

ゴアテックスナイロン

普通洗濯ができます。
洗濯しても防水性能は落ちません。

家庭洗濯できる**婦人礼服**例

婦人礼服アンサンブルスーツ

素材

表地　ポリエステル100%
裏地　ポリエステル100%

おしゃれ着（ドライ）コース、または手洗いで洗濯。シワになりにくいのでアイロンは不要です。クリーニングの必要がほとんどありません。

家庭洗濯できる**セーター**例

カシミヤセーター

素材

カシミヤ100%

ネットに入れておしゃれ着（ドライ）コースまたは手洗いで洗濯。ぬるま湯ではなく水で洗いましょう。

家庭洗濯できるスーツ例

レディーススーツ

素材

表地　ポリエステル95%、
　　　ポリウレタン3%、
　　　レーヨン2%
裏地　ポリエステル100%

洗濯できるマークはウォッシュブル。シワにほとんどならず、クリーニングの必要がほとんどありません。

メンズスーツ

素材

表地　ポリエステル70%、
　　　ウール30%
裏地　ポリエステル100%

アイロンでラインプレスが必要です。P92を参考にアイロンがけしましょう。

COLUMN

ドライクリーニング溶剤は有害物質！

水洗いの転換へ

（ウエットクリーニング）

ドライは地球環境を汚染する

ドライクリーニング溶剤は有害なPRTR法指定第一種化学物質で、地下水汚染・大気汚染・土壌汚染をするため、法律により厳しく規制されています。PRTR法の第一種指定化学物質とは、発がん性の懸念が高い物質など、特に重篤な障害をもたらす物質、あるいは強い生態毒性を持ち、難分解性・高蓄積性をもち、動植物の生育に支障を及ぼす可能性が特に高い物質のこと。つまり、人間の健康を損なったり、動植物の生息などに支障を及ぼしたりする恐れのある化学物質なのです。

ドライ溶剤は一切下水に流すことは禁止され、乾燥時の直接排気もできません。また、溶剤汚れを吸着させるフィルターや活性炭などは、特別管理産業廃棄物として厳正な処分方法を義務付けられています。ドライクリーニング溶剤はとても危険で有害な化学物質なので、地球の為にも減ドライクリーニングが必要です。

ドライは人間にも有害

「クリーニングに出した衣類がドライの臭いがする」と思ったことはありませんか？それはとても危ない状態かもしれません。ドライ溶剤は神経障害・臓器障害・発がん性などの健康被害を起こす可能性があります。

また、ドライ溶剤が残留している衣類を着用してしまうと、化学火傷、目が痛くなる、気分が悪くなる等、シックハウス症候群に似た症状になり、重症化することもあります。特に冬季・厚地衣類・合皮製品に事故が多く発生していますので、ご注意ください。

　ドライクリーニングした衣類は、室外で半日以上陰干をしてから、着用しましょう。陰干ししても臭いが取れない場合は、溶剤の汚れが品物に付着していることがあるので、クリーニング店に相談してください。

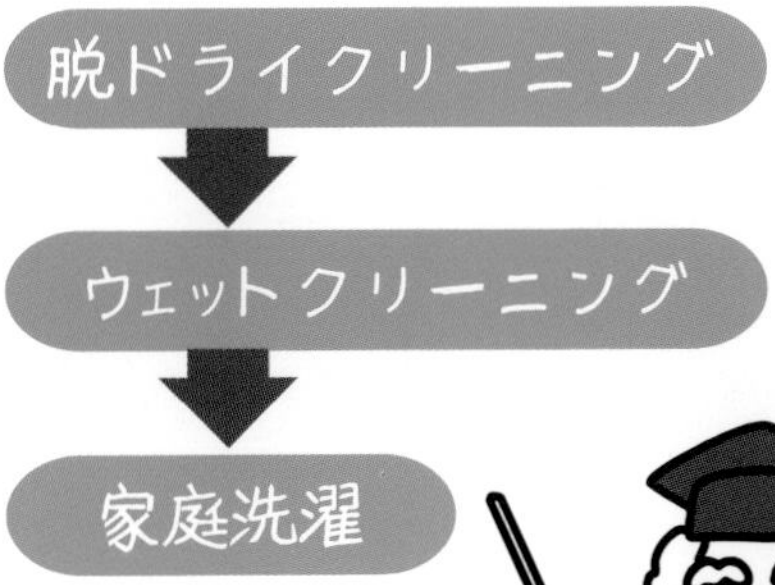

世界的な脱ドライクリーニングの流れ

海外では現在、ドライクリーニングによる環境汚染や健康被害などにより、〝脱ドライクリーニング〟への転換が進んでいます。欧州では年々ドライクリーニング店が急激に減少し、変わってウエットクリーニング店（水洗いクリーニング）が増えています。環境問題後進国の日本では、現在でもドライが中心で、水洗いを中心にしているクリーニング店は限られています。

　汗抜きクリーニングやダブルクリーニングも、ドライクリーニングすることが多く、ウエットクリーニング（水洗い）とは全く違います。最近、スーツやおしゃれ着や高級衣類も、家庭洗濯できる衣類が増えています。購入時に洗濯表示を確認して参考にしてください。家庭洗濯できる物を選んだ方が、長く、衛生的に、気持ちよく着用し続けることができます。

Part5

ダウンやおしゃれ着の洗い方

このPARTでは、
ダウンウエアやスーツや学生服の
具体的な洗い方や干し方を紹介します。
また、スチーマー、アイロンを使って、
クリーニングに出した時のような
きれいな仕上がりのコツを解説。
最初は少し難しく感じるかもしれませんが、
一度やり方を覚えれば、
自身でいつもきれいな状態で
衣類を保管することができます。

縦型・ドライ式・手洗い別に解説

ダウンの上手な洗い方

羽毛はリサイクルされて新しいダウンウエアとして生まれ変わることができる、丈夫な素材なのです。

実はドライで洗うよりも家庭洗濯の方が適している

ダウンウエアをクリーニングに出すと、料金を高く感じないでしょうか？　家庭できれいに洗えてフワフワになったら、嬉しいですよね。ダウンを上手に洗濯できないと思ってクリーニングを依頼する方を多く見かけます。

ダウンに使われている羽毛は水鳥の羽なので、水にとても強く水洗いでは傷みません。羽毛は水洗いするとよく膨らんで保温性が向上します。しかし、ドライクリーニングをすると羽毛の膨みが悪く、保温性能が落ちてしまいます。実はダウンはドライクリーニングよりも水洗いの方が適しているので、安心して家庭で洗濯することができます。

ダウンを洗う前の準備

1 襟や袖口が汚れている場合、お湯と洗剤（台所用でも可）を付けて、スポンジでやさしく擦る。

2 表地が厚地（ゴアテックスや防風タイプなど）のダウンは裏返しにする。

Point!

- 襟、袖の汚れに前洗い（予洗い）する
- 柔軟剤を使うと膨らみが悪くなる
- 濡れたダウンを乾燥機で乾燥させると傷みやすい
- 天気の良い日は風通しの良い所に干す

縦型洗濯機で洗う場合

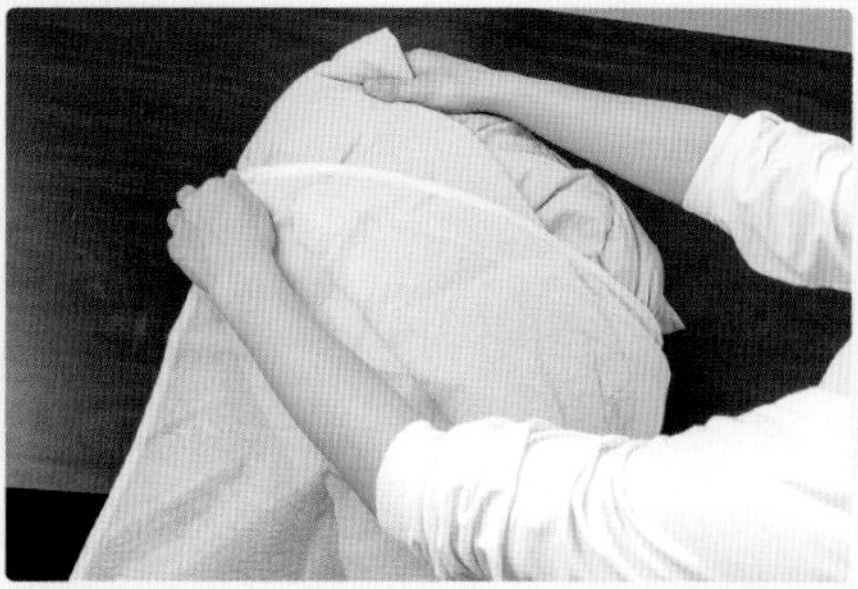

1 ダウン1点を1枚の洗濯ネットに入れる

2 洗面器（または洗面台）に水と洗剤を入れて溶かす

※水2ℓに対して洗剤約10mℓ(g)

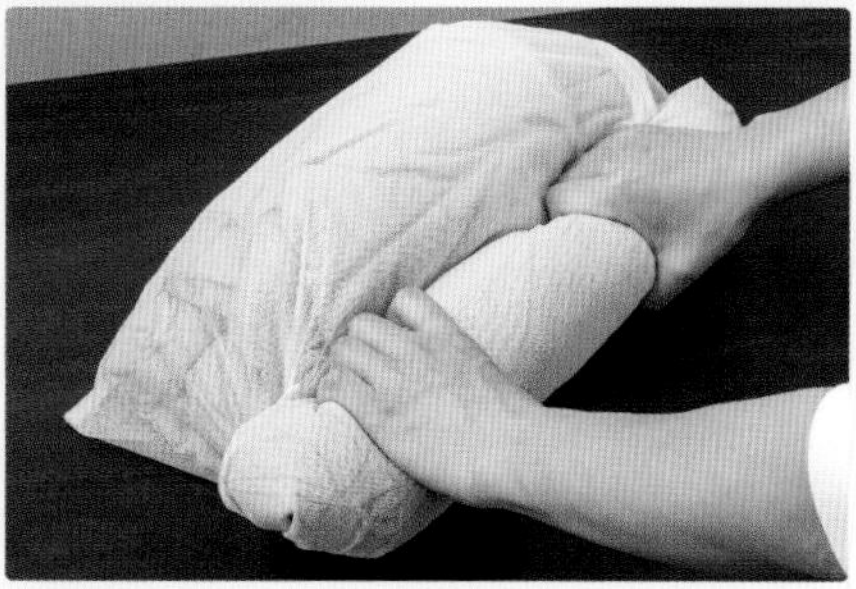

3 洗濯ネットに入ったダウンを丸めて（すまき）にして小さくする

4 ダウンを丸めたまま洗面器に沈めてつぶして空気を抜く

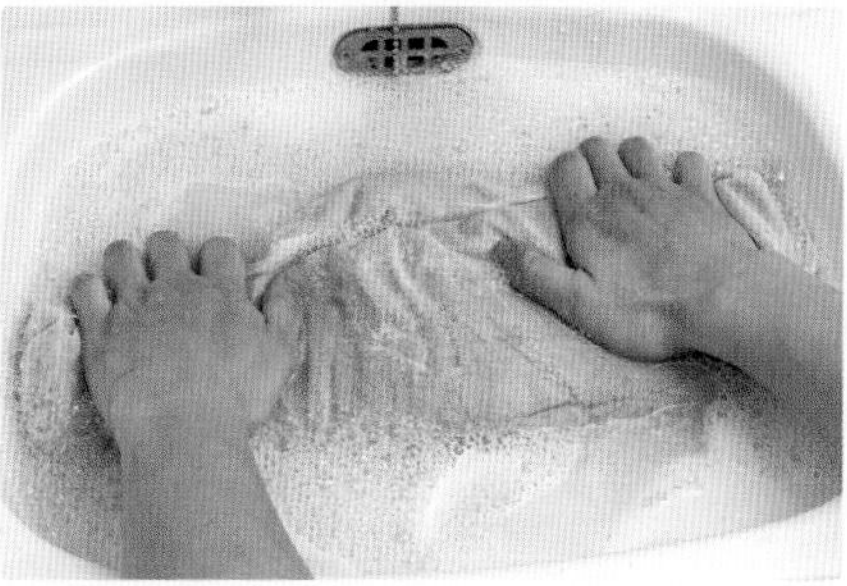

5 洗面器内でダウンを押し洗いする

6 洗濯機に移して、洗剤を足し洗濯する

ドラム式洗濯機で洗う場合

1 洗濯ネットに入れず、2〜3点のダウンを洗濯機に入れる。フードやファーは洗濯ネットに入れる

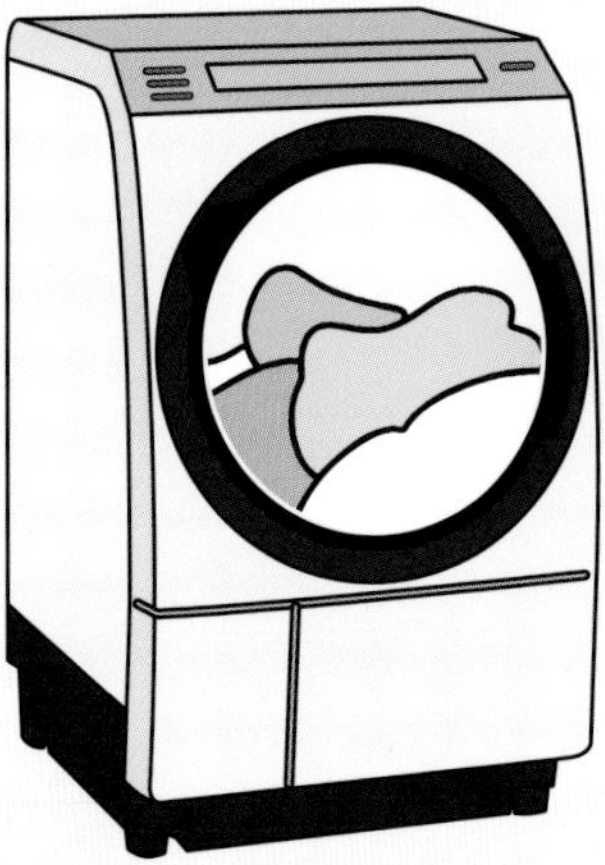

バランスを取りやすくするために、洗濯ネットには入れずにダウンを3着くらい（またはバスタオルなど）を入れる

2 洗濯機で洗う。おしゃれ着（弱洗い）コースで洗う場合は、洗濯が終わったら脱水だけもう一度行う（水分が多いと乾きにくく臭いが発生することがある）

COLUMN

ダウンには柔軟剤を使わない

羽毛には天然の油分が備わっていて、羽毛の油分による撥水効果でふんわりと膨らんで保温効果が生まれます。柔軟剤は繊維に油膜を張ることで、滑りをよくしてふんわり仕上げますが、羽毛に柔軟剤を使うと羽毛の持つ油分ごとコーティングしてしまいます。そのため柔軟剤は、羽毛の持つ自然な撥水力を低下させ、軽くふんわりした独特の質感や保温性能を損なわせることになってしまうのです。

手洗いの場合

1 ダウン1点を1枚の洗濯ネットに入れる

2 洗面器に2/3程度の水を入れ、適量の洗剤を溶かす（汚れている場合はぬるま湯を使用する）

※水2ℓに対して洗剤約10mℓ(g)

3 洗濯ネットに入ったダウンを丸めて（すまき）にして小さくする

4 小さくしたまま洗面器にしばらく沈め、液面の中でゆっくり広げる

5 両手で1～2分間押し洗いする

6 洗濯機で脱水する

7 洗面器ですすぎ、洗濯機で脱水（2回繰り返す）

COLUMN

ダウン乾燥機で乾燥はNG

羽毛は乾燥機で長時間、高温にさらされてしまうと、機能を損なう恐れがあります。羽毛は繊維状のタンパク質で作られており、熱によってこのタンパク質が壊れてしまいます。壊れた羽毛はもとのように空気を溜め込むことができなくなり、保温性が失われてしまう可能性があります。また、ダウンの生地（ナイロン・ポリエステル）は熱や摩擦に弱いため、長い時間乾燥すると、生地が傷んでしまい、縫い目から羽毛が飛び出します。ダウンは自然乾燥させてから、乾燥機で数分間の乾燥することで、ダウンを傷めずに新品同様に膨らませることができます。

羽毛を広げて、ふんわり暖かいダウンに

ダウンの干し方・膨らませ方

「洗濯不可」でも洗えるが注意しながら行う

生地がポリエステルやナイロンのダウンは、「洗濯不可」の表示があっても、実はその多くが家庭洗濯できます。しかし、ウールやシルク、革など特殊な物など洗えない物もあります。自己責任での洗濯になりますので、十分に注意してお取り扱いください。使用する洗剤はおしゃれ着洗剤でなくても大丈夫です。石けん、または中性洗剤で洗えます。羽毛は天然素材なので、石けんで洗うことで、膨らみが良く保温性が高くなります。そのため、羽毛メーカーも石けんを使用していることがあります。

もし羽毛が固まったら、半日程度、干してから手でほぐしましょう。大体ほぐれたら、5～10回程度、振りさばいてから再び干してください。まだ固まりが残った場合は、もう一度繰り返すか、乾燥機で数分間乾燥することで、固まりがなくなり膨らませることができます。

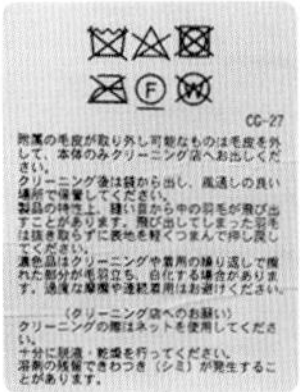

Point!

- 「洗濯不可」マークでも洗うことは可能だが、洗濯する際は要注意
- 洗剤は石けん、または中性洗剤で洗える
- 羽毛が固まったら干して手でほぐしたり、乾燥機を使ったりして膨らませる

ダウンの干し方と膨らませ方

1 洗濯後、洗濯ネットからダウンを取り出して、風通しの良い場所に2日間程度干す。表地が厚地（防風タイプなど）のダウンは裏返したまま干す

湿っている時間が長いと臭いが発生するため、天気の良い日に素早く乾かす

2 振りさばいて、羽毛を膨らませる

衣類をしっかり
振りさばく

3 ダウンの膨らみが不足していたら、乾燥機で膨らませる。小型乾燥機1着数分間、大型乾燥機2～3着数分間

※コインランドリーの乾燥機を使用する場合、数着を一度に入れて数分間乾燥させる

マークを見て液温に注意！

おしゃれ着・ニットの上手な洗濯術

洗う温度に気をつけて
傷めず長持ちできる衣類に

おしゃれ着は、型崩れや色落ちさせず、いつまでも新品同様のきれいな状態に洗濯したいですよね。クリーニング技術を家庭洗濯に取り入れて、やさしく、きれいに洗って長持ちさせてください。おしゃれ着の表示に付いている「手洗いマーク30」を、30℃のぬるま湯で洗うと勘違いしている方が多いようです。「30」の数字は限界温度ですので31℃以上では洗えません。

ぬるま湯と感じる温度は体温と同じくらいで36℃前後です。36℃のお湯で30℃が限界温度の衣類を洗うと、当然傷んで色落ちや収縮や型崩れを起こしやすくなります。クリーニングでは、おしゃれ着やデリケート素材はぬるま湯では洗わず、水で洗います。家庭でもニットやおしゃれ着をぬるま湯ではなく水で洗う方が、傷めずに長持ちさせることができます。

家庭洗濯の記号

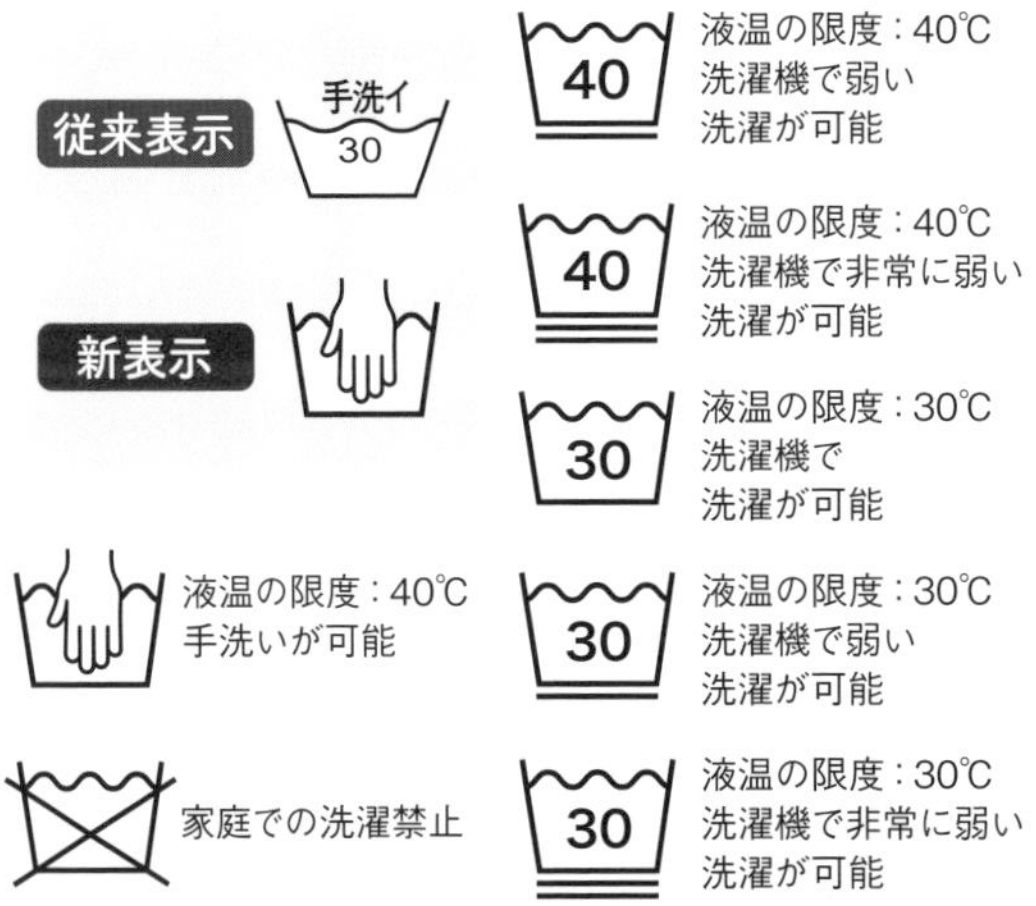

Point!

- ぬるま湯ではなく水で洗う
- おしゃれ着洗剤でなくても、石けんや台所用洗剤や中性洗剤でもやさしく洗える
- 乾燥機は傷めるので、自然乾燥させる

おしゃれ着・ニットの洗い方

1 洗う前にシミや汚れを確認する。シミ汚れが付いていたら、ぬるま湯と洗剤を付けて、ブラシでトントンとやさしく叩く

シミ・汚れの前洗い

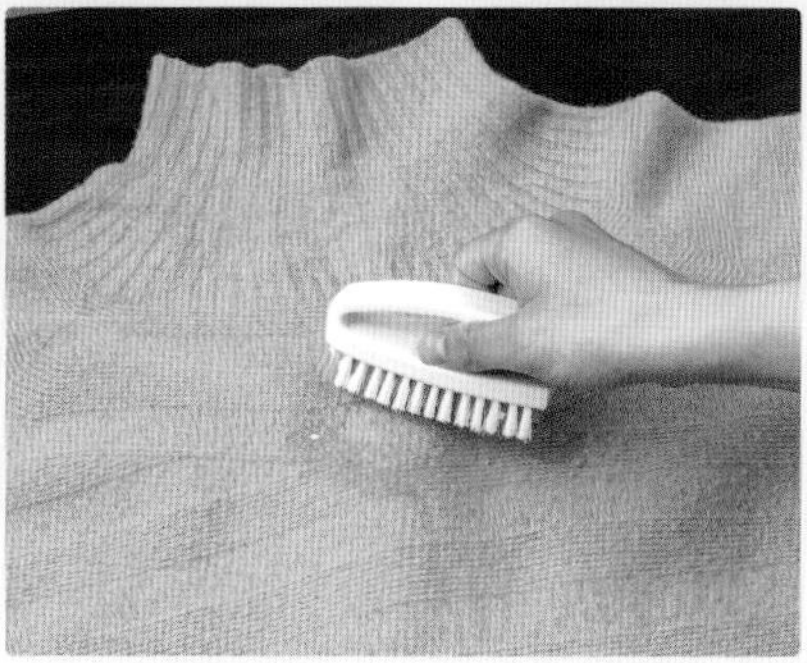

2 衣類の前側と袖口や汚れ部分が外側になるように畳んで、1点ずつ洗濯ネットに入れる

たたんでネットに入れる

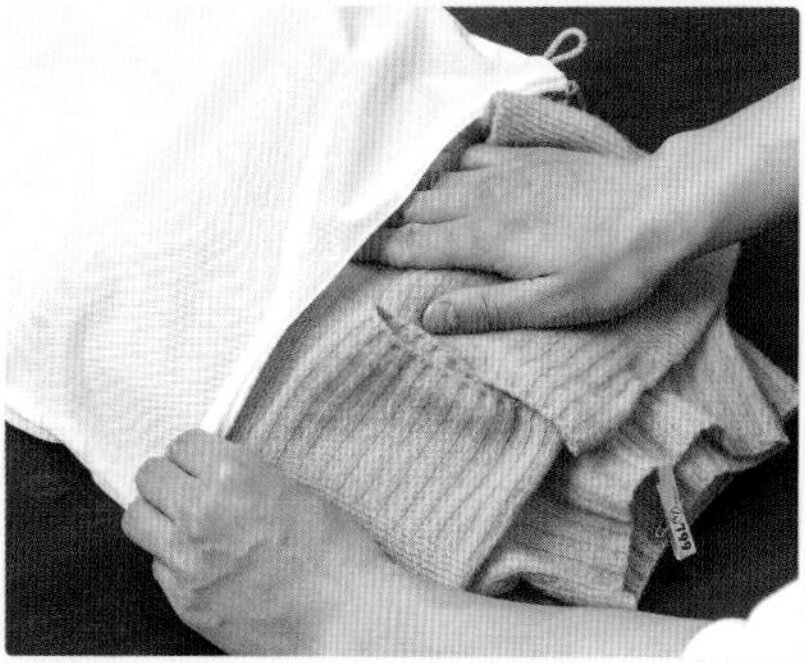

3 【洗濯機洗いの場合】
おしゃれ着洗いコース（弱洗い）で洗濯

【手洗いの場合】
洗面器で押し洗い
↓
洗濯機脱水
↓
洗面器ですすぎ
↓
洗濯機脱水
↓
洗面器ですすぎ
↓
弱脱水

石けんで洗う場合は、クエン酸を小さじ2、3杯を洗濯機の柔軟剤投入口に入れる。手洗いの場合は最後のすすぎに入れる

4 干す時に、縦と横に軽く引っ張ったり、手の平で叩いたりして、シワを伸ばす

5 ハンガーにかけるときは、肩の跡が残らないアーチ型などのハンガーを使う。伸びやすい衣類は、平干しネット、または竿にまたがるようにかけて干す

6 必要に応じてアイロンで形を整える

常に清潔にすることで気持ちもスッキリ

スーツ・学生服の上手な洗濯術

洗濯表示を確認して洗えば節約にもなる

ウォッシャブルスーツや学生服は、家庭で洗濯できるとは知らずにクリーニング出している方も多いようです。スーツや学生服の取り扱い表示に洗濯マークが付いていれば洗濯できる衣類ということ。ウェットクリーニングマークは、クリーニング店での水洗いができることを表していますが、家庭でも洗える物がほとんどです。

日常的に着用するスーツや学生服は、購入する時に洗濯できる物を選ぶとよいでしょう。こまめに洗濯することができ、汗や汚れをしっかり落として、いつも清潔で気持ち良く着用できます。また、クリーニング費用も節約できます。

洗濯できるマークは家庭で洗濯しよう

洗濯機で洗濯できるマーク
数字は水の限界温度を表す
アンダーバー1本弱洗い、
2本は非常に弱い

手洗いできるマーク
洗濯機で弱洗いできる

家庭でも洗える物が多い
手洗いするマーク

ウェットクリーニングができる
クリーニングでダメージを極力
抑えた水洗い

Point!

- 洗濯できるマークのスーツや学生服は家で洗える
- 洗濯できるスーツや学生服を選ぶとクリーニング費用を節約できる

スーツ·学生服の洗い方

1 まずはシミ汚れをチェックする。 汚れている所にぬるま湯と洗剤を付けてブラシで叩く

たたんでネットに入れる

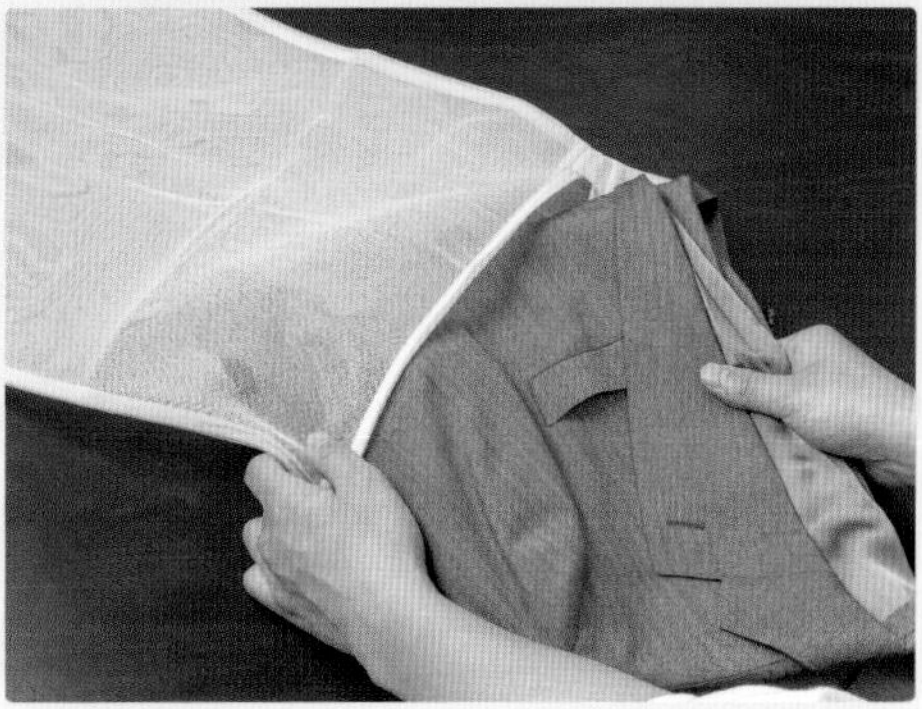

2 汚れている所が外側になるように畳んで洗濯ネットに入れる（全体的に汚れている又は臭いが気になる場合はネットに入れない）

3 洗濯機でおしゃれ着（ドライ）コースで洗う

4 洗ったら、 ハンガーにかける。手の平でなでて、 手の平で叩き、シワを伸ばして干す。 乾燥機を使わずに自然乾燥させる

5 アイロンでシワを伸ばして、 ラインを整える

アウターは家庭で洗える物が多い

アウターの上手な洗濯術

ポリエステルやナイロンのアウターは家庭で洗える

当社のクリーニング店に出されているアウターの半数以上は、家庭で洗濯できる物です。まず取り扱い表示を確認して、洗濯できる品物は家庭で洗いましょう。意外にもゴアテックスや合成皮革など特殊な品物でも洗濯できる表示になっている物が多くあります。洗濯できない表示でも、ポリエステルやナイロンの合成繊維100％の品物の多くは、洗濯することができます。

クリーニングに出す前に取り扱い表示を確認して、洗濯できる表示の物はもちろん、洗濯できない表示の合成繊維（ポリエステル・ナイロン）100％の物も、家庭洗濯にチャレンジしてみませんか？

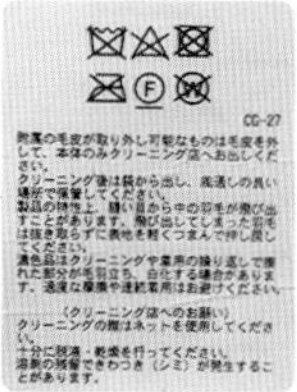

ただし、洗濯不可の洗濯は自己責任になってしまうので、心配な物はクリーニングに出してください。また、ウールのアウターは家庭洗濯を避けましょう。

Point!

- ポリエステルやナイロンのアウターは家庭で洗える
- ゴアテックス、防寒ジャンバー、スキーウェア、合成皮革（ポリウレタン）といった特殊な品物でも「洗濯可」表示がある
- ポリエステルやナイロン100%の衣類は「洗濯不可」になっていても洗濯できるものが多い

「アウターの洗い方」

1 衣類のシミ汚れがある部分に、ぬるま湯と洗剤を付ける

2 洗濯機で洗う
（洗濯物を少なめにしてシワ型崩れを防ぐ）

3 乾燥機は使わずに、自然乾燥させる

※乾燥機を使うのはNG

4 干す際に、振りさばいて整える。シワがある場合は、
手の平で叩いて伸ばす

合成皮革を洗う時の注意点

合成皮革は裏返して、洗濯ネットに入れ、おしゃれ着コースで洗いましょう。合成皮革は2～3年程度で経年劣化して、水ぶくれのように浮いたり表面がベタベタしたりしてきます。破れる可能性があるので、経年劣化した合成皮革は洗濯を避けて、やさしく水拭きをして陰干しをしましょう。

ゴアテックスを洗う時の注意点

ゴアテックスは洗濯により撥水性能が落ちることはほとんどないため、安心して洗濯することができます。着古して撥水性能が悪くなってきたら、乾燥機やアイロンで熱処理することで撥水性能が復活します。

衣類のシワをしっかり消す

スチーマーの使い方

しっかり固定して
正しくあてることが
大事!
スチーム

安定した
場所に
設置
ボタンは
全て
留める

ステップ1

動かないように衣類を固定

衣類をハンガーにかけて、ハンガー（滑りにくいタイプが◎）が動かない安定した場所にセットします。衣服のボタンはすべて留めた状態に。

ステップ2

やさしくゆっくりあてる

衣類の端を軽く引っ張りながら、スチーマーをゆっくりあてます。

〈動かす速さの目安〉

綿・麻系・ウール系
10 cm間隔を約3秒であてる

レーヨン・ポリエステル系
10 cm間隔を約1秒であてる

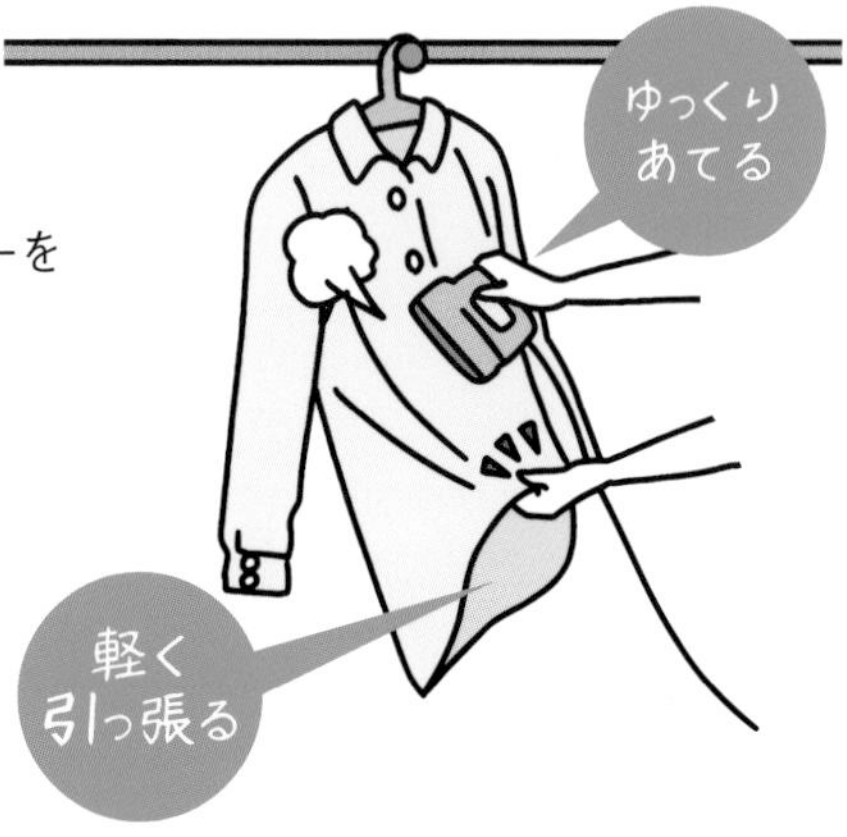
ゆっくり
あてる
軽く
引っ張る

スチームの正しいあて方

スチームのあて方には、基本的に「離す」「あてる」の2通りのあて方があり、素材によって変えます。素材によってはアイロン面を衣類にあてて使えないものがあります。

あてる

きちんと仕上げたい衣類の場合

アイロン面を衣類にあてます

離す

デリケートな衣類、ふんわり仕上げたい衣類の場合

アイロン面を衣類から10cm程度離します

Point! ●取り扱い表示に合わせて使い分ける

衣類についている絵表示のアイロン記号を見て、衣類スチーマーが使えるか確認しましょう。絵表示がない場合は、素材名に従って素材に合った使い方をしてください。「アイロン不可」表示がある場合は、スチーマーは使えません。

絵表示	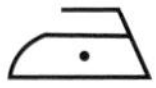				
素材表示	アクリル	シルク ベルベット	レーヨン ポリエステル	ウール カシミヤ	綿・麻（混紡含む）
アイロンを衣類から離す 	高温がおすすめ（中温でも可）				
アイロンを衣類にあてる 	低温（スチームは出ない）		中温		高温

丁寧にかけることでパリッとした仕上がりに

アイロンの使い方の基本

アイロンを
正しく使うことで
形が整い、思い通りの
ラインもできる

アイロンはドライヤーと同じ原理!

ステップ1

アイロンは速く動かさず、ゆっくり動かす

アイロンは、しっかり重力をかけてプレスすることでシワを伸ばすことができます。そのため、アイロンを速く動かすと、重力が十分にかからないのでシワが伸びにくくなります。焦らず、ゆっくりアイロンがけしましょう。折り目ラインは特にゆっくりかけることでラインがしっかり付きます。

ステップ2

スチームアイロンで湿らせ、ドライで乾かす

アイロンはドライヤーと同じです。ドライヤーは濡れている髪を乾かしながら形を整えます。もしドライヤーからスチームが出ていたら、髪は乾かず、形も整いません。それと同様で、スチームアイロンだけ使用しても衣類を湿らせるだけで乾かないため、形も整いません。スチームアイロンをした後、ドライアイロンに切り替えてしっかり乾かしましょう。

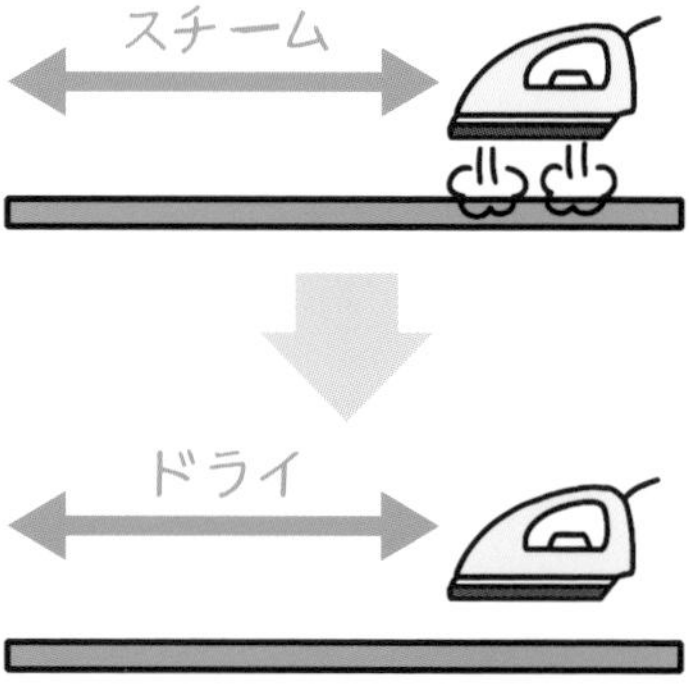

アイロンは熱で形が変わり
冷めて形が固まる

ステップ3

熱い状態は形が変わりやすく、冷めて形が固まる

スカートのヒダやパンツをアイロンでラインを付けても、熱が残っていると、ラインは薄くなってしまいます。熱をしっかり冷ますことで、くっきりとしたラインを残すことができます。

Point!

●アイロン表示の見方

アイロン内の点の数が多いほど上限温度が高いことを表しています。取り扱い表示を確認してから適切な温度でアイロンをかけましょう。アイロンマークに「×」が付いている衣類はアイロンがけすることができないので要注意。

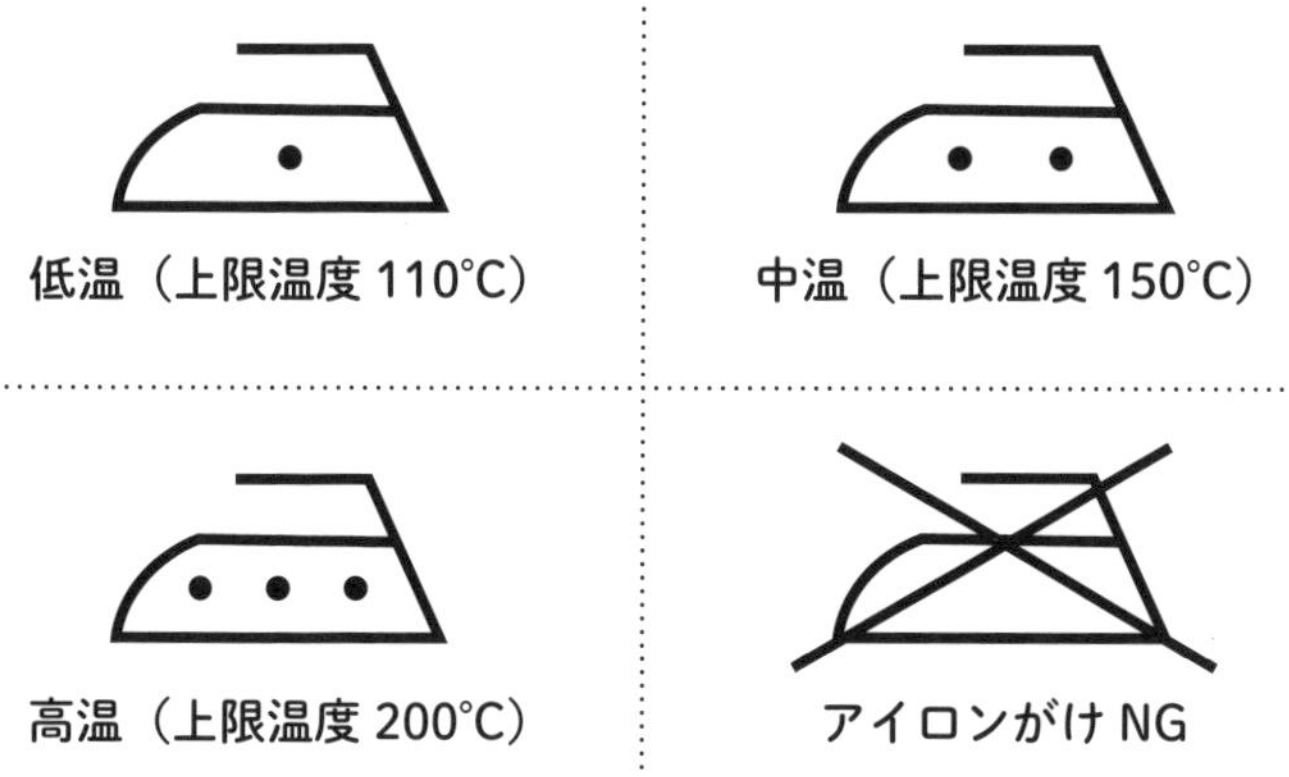

●あて布を使う

濃い色の品物はテカリが発生しやすいので、ハンカチなどの布をかけて、その上からアイロンをかけましょう。また熱に弱い素材（ウール、シルク、カシミヤ、ポリエステル、ナイロン、レーヨンなど）はあて布を使うことで、傷めずにアイロンがけができます。

しっかりラインで
クリーニングと
同様の仕上がり

アイロンのかけ方❶

ズボン編

ステップ1

ウエスト周り

1 アイロン台に腰をはかせる

2 スチームでアイロンをかけて、
手で撫でて冷ます

3 前後左右を4分割にして、アイロンを
かける

ステップ2

タックのプレス

1 タックを揃えて、下側をアイロンで押さえて
ウエスト部分を引っ張りながら、上側に向かっ
てゆっくりスチームでアイロンを往復させる

2 アイロンのスチームをオフにして、アイロン
をゆっくり往復させる

3 タックを揃えたまま手で撫でて冷ます

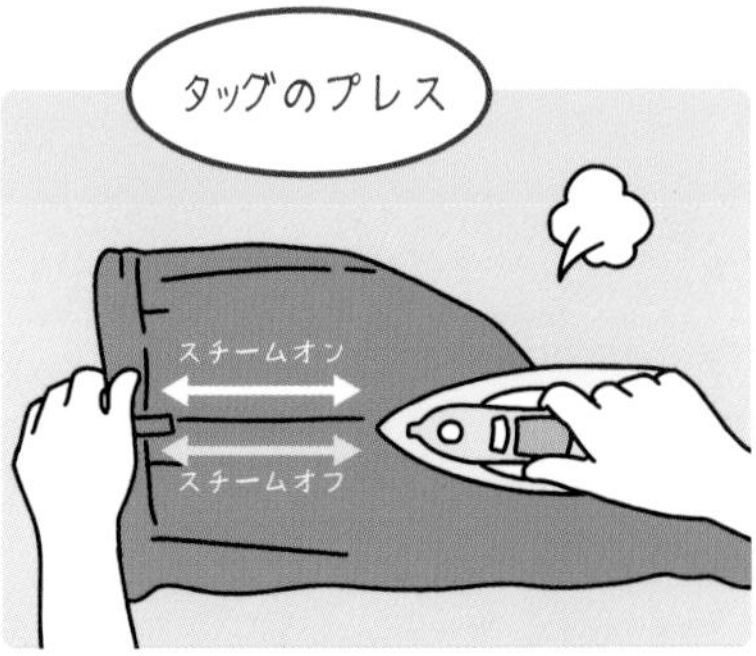

ステップ3

ラインプレス

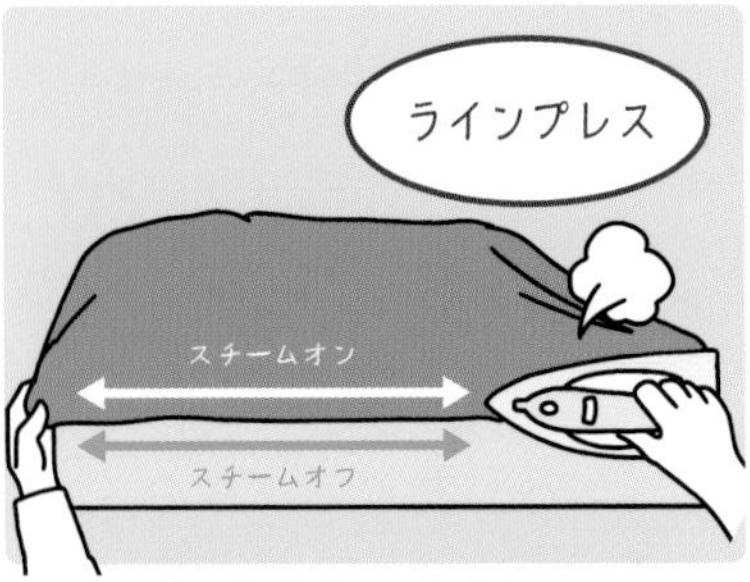

スチームアイロンをかけて
同じ場所にドライアイロンをかける

1 アイロン台の上でラインに合わせてセットする

2 アイロンをスチームオンにしてゆっくり往復
させる

3 スチームオフにして、同じ場所をゆっくり動
かして往復させる

4 手で撫でて冷めるまで待つ

5 冷めてから次の場所に移動して同様にかける

6 裏返して同じ場所を反対側から同様にかける

アイロンのかけ方❷

ヒダスカート編

きれいな折り目に仕上がる！

ヒダを引っ張って揃える

1 1〜2本のヒダを揃えて手で押さえる

裾からアイロンをかける
スチームアイロンをかけて
同じ場所にドライアイロンを
スチームオン
スチームオフ

2 裾部分にアイロンを乗せてスチームオンしてゆっくり動かして往復させる

3 スチームをオフにして同じところを、ゆっくり動かして往復させる

手で撫でて冷ます
冷める＝形がつく

4 ヒダを崩さないように、ヒダに沿って手で撫でて冷ます

5 冷めてからずらして、次のヒダも同様にアイロンをかける

アイロンのかけ方❸

シャツ編

正しい手順で行えば
いつでも新品同様に

【アイロンの手順】

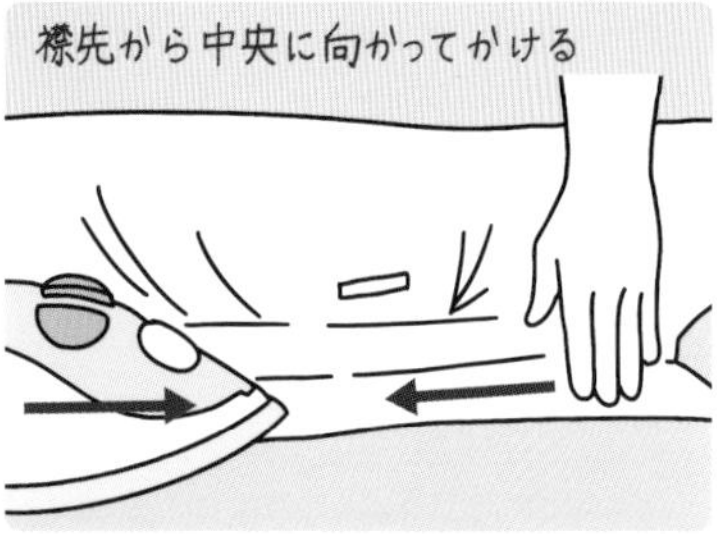
襟先から中央に向かってかける

1▶襟

襟の端から中央に向かってアイロンを移動させる。 逆側も同様にアイロンを移動させる

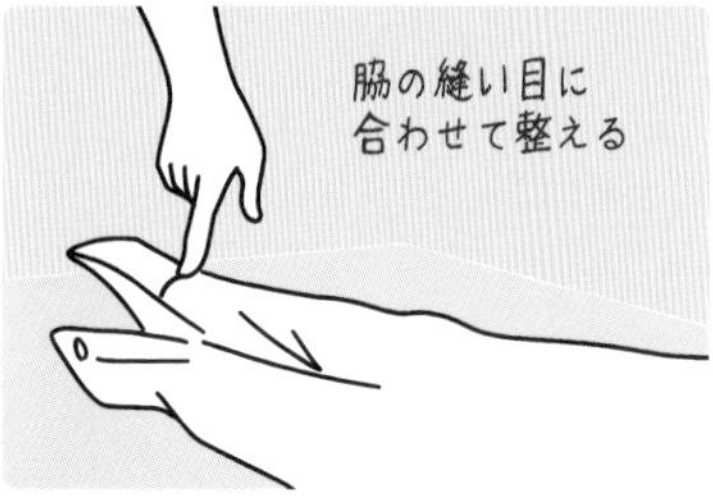
脇の縫い目に
合わせて整える

2▶カフス

最初にカフスの裏側にアイロンをかけて、次にカフスの表側にアイロンをかける

3▶肩

アイロン台に肩を乗せてアイロンをかける

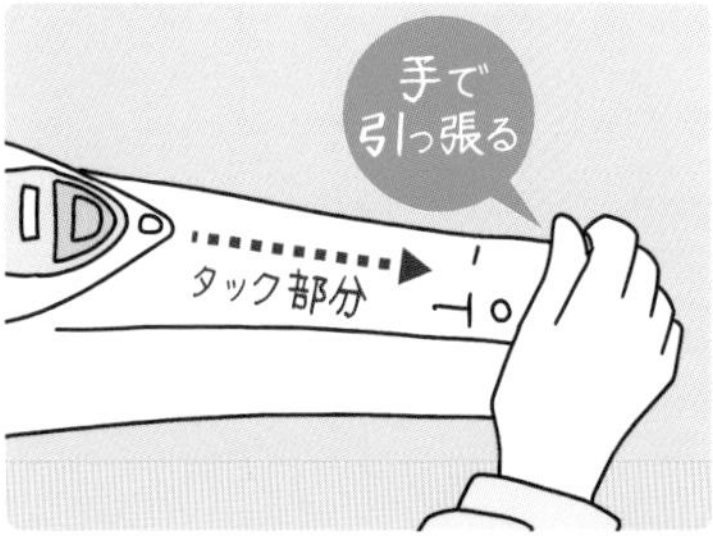
手で
引っ張る
タック部分

4▶袖

脇の縫い目に合わせて袖全体を整えて、脇の縫い目から袖全体をかける

5▶袖タック

袖口を引っ張ってタックを整えてかける

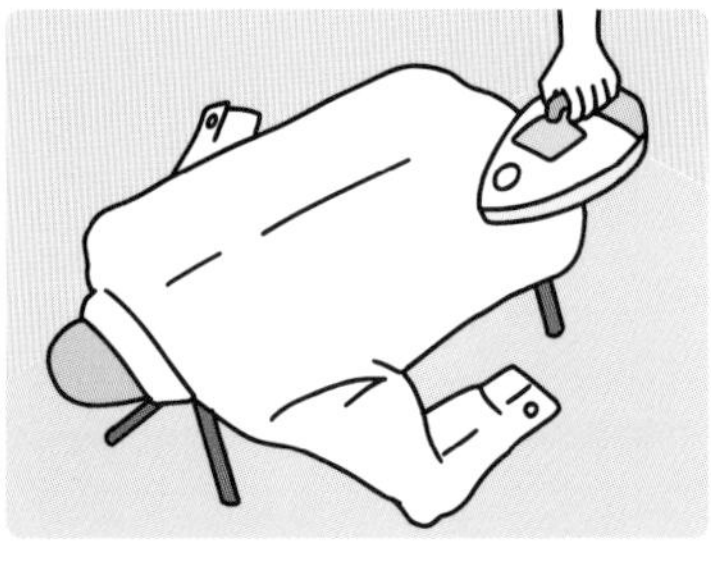

6▶背中－前

アイロン台にかぶせてかける

7▶アイロンが終わったらハンガーにかける

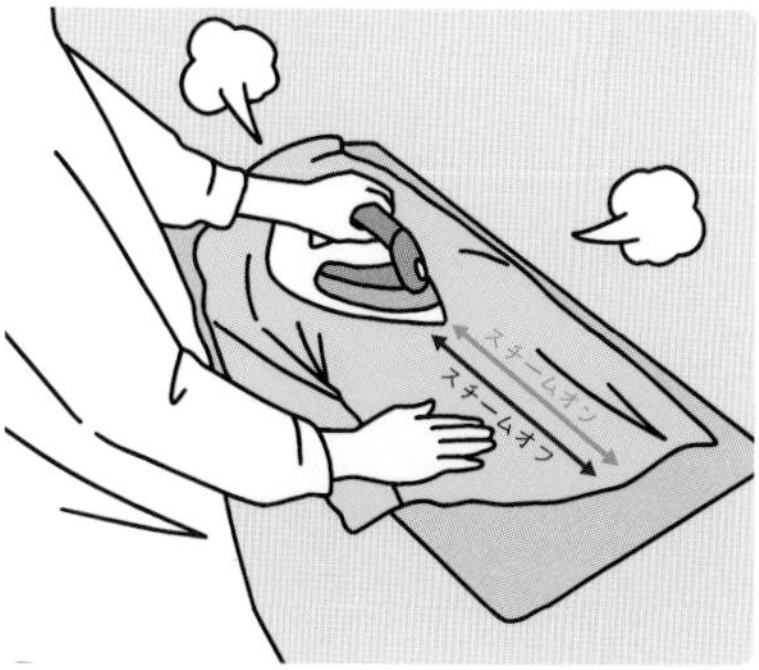

ソフトな仕上がりのかけ方

1 アイロンのスチームをオンにしてアイロンをかける

2 スチームオフにして同じところにアイロンをかける

3 手の平で撫でて冷ます

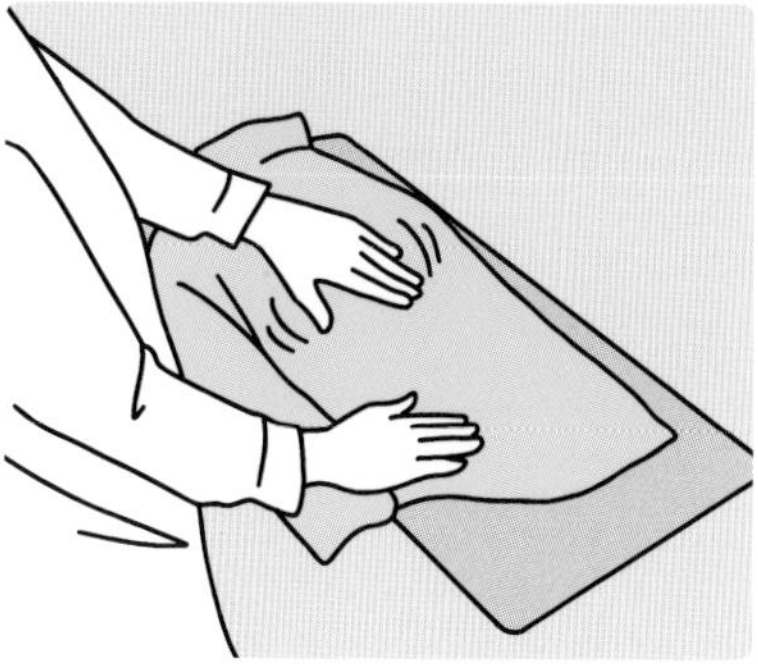

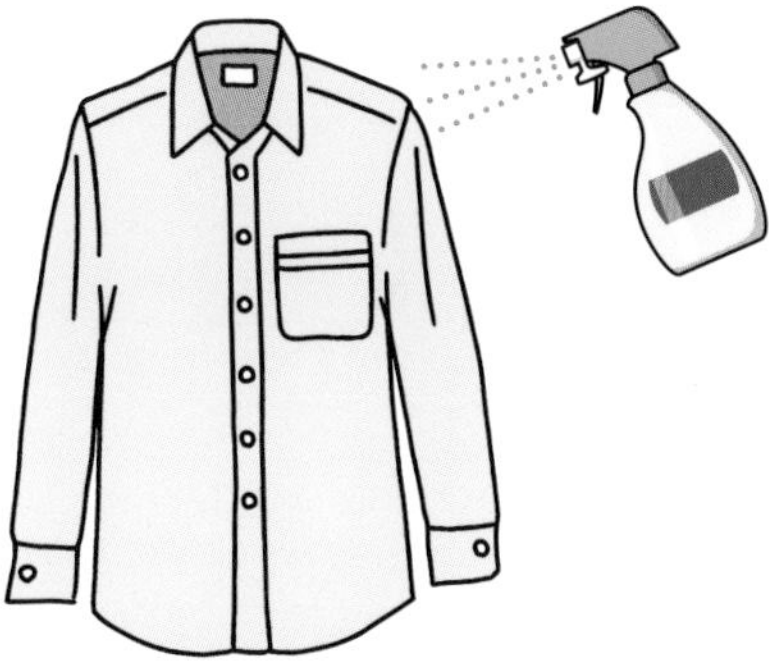

パリッと仕上がりのかけ方

1 全体に霧吹きをかけて湿らせる

2 スチームをオフにしてゆっくりアイロンをかけて乾かす

3 手で撫でて冷めるまで待つ。冷めてから次へ移動

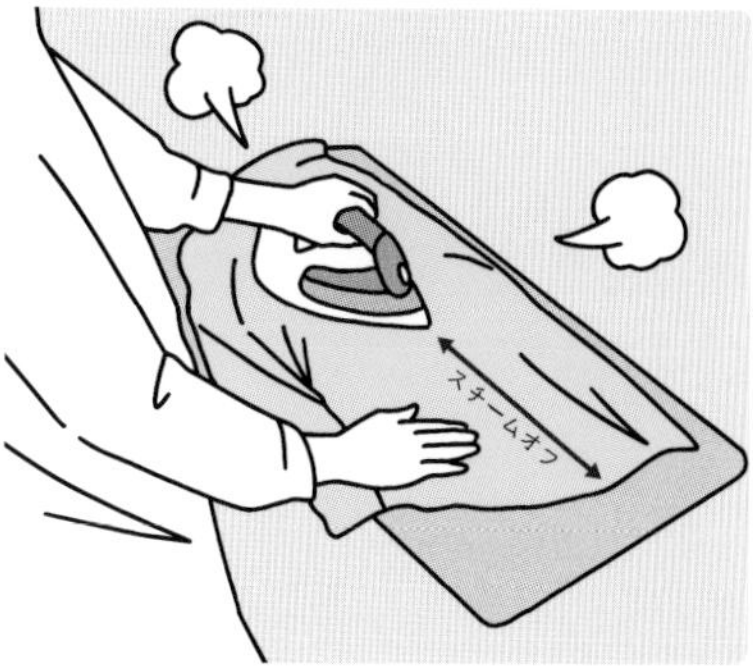

Part6

色々な物の洗い方

洗濯しないといけない物は、
衣類やタオルに限りません。
実は家にある様々な物は
少しずつ汚れていってしまいます。
そこで、衣類と違ってなかなか洗う頻度の多くない
布団、スニーカー、バッグ、ぬいぐるみなどを
清潔に、きれいに保つための洗い方の流れを紹介します。
定期的に洗ってあげることで、
物持ちの良さにもつながります。

新品の様な〝ふんわり・ボリューム・あたたかさ〟がよみがえる

羽毛布団の洗い方と干し方

毎晩コップ一杯の汗が布団に吸着されている

羽毛布団はクリーニングに出すと費用が高くなります。羽毛が傷むからと思って洗わないままでいると、汗汚れが付着し、羽毛の膨らみが悪くなります。そうすると、保温性が減少してしまいます。人は一晩でコップ１杯の汗をかくと言われ、それが布団に吸着されます。清潔で快適な睡眠のためにも、年に一度は洗濯して、ふかふかの羽毛布団によみがえらせましょう。

家庭で洗濯すれば、クリーニング店のように他人の布団と一緒に洗うこともありません。ドライクリーニングでは汗汚れがあまり落ちませんが、水洗いはきれいに落とすことができます。

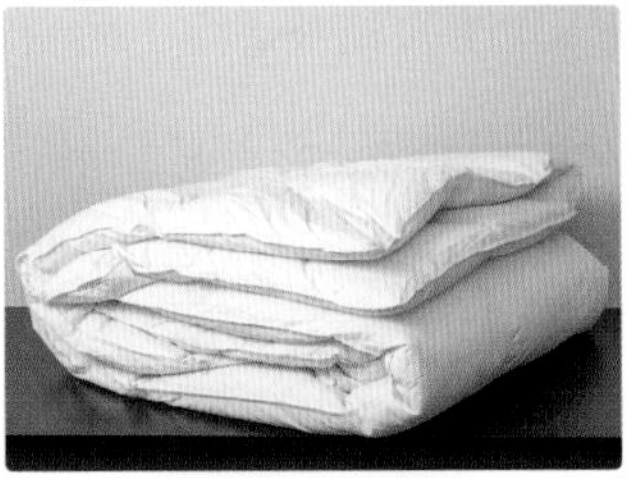

before

after

Point!

- 生地が綿やポリエステルで、中綿がダウンとフェザーは洗濯できる
- 柔軟剤を使うと膨らみが悪くなるので使わない
- 濡れた羽毛布団を乾燥機で乾燥すると羽毛が広がらないので自然乾燥
- 乾いてから乾燥機乾燥をすると新品同様に膨らむ
- 弱脱水だと乾きにくく輪ジミや臭いが発生することがあるので普通脱水

※洗濯不可表示の場合は自己責任になりますので、心配な場合はクリーニング店に依頼してください

ドラム式洗濯機の場合

1 羽毛布団を洗濯ネットに入れず、洗濯機にそのまま入れる

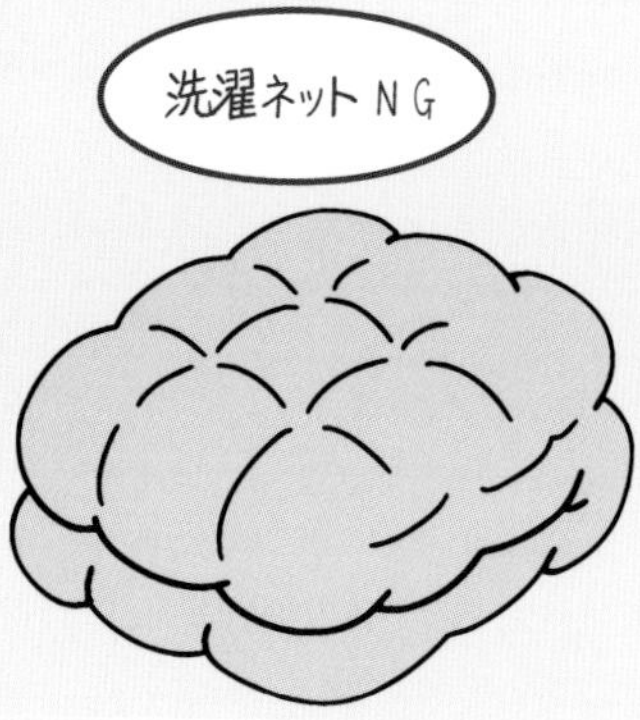

2 バランスを整えるために、羽毛布団2枚を一緒に洗う
(2枚ない場合は、バスタオル複数枚やタオルケットなどを入れる)

3 毛布洗いコースで洗う。バランスエラーになったら、ずらして再開する

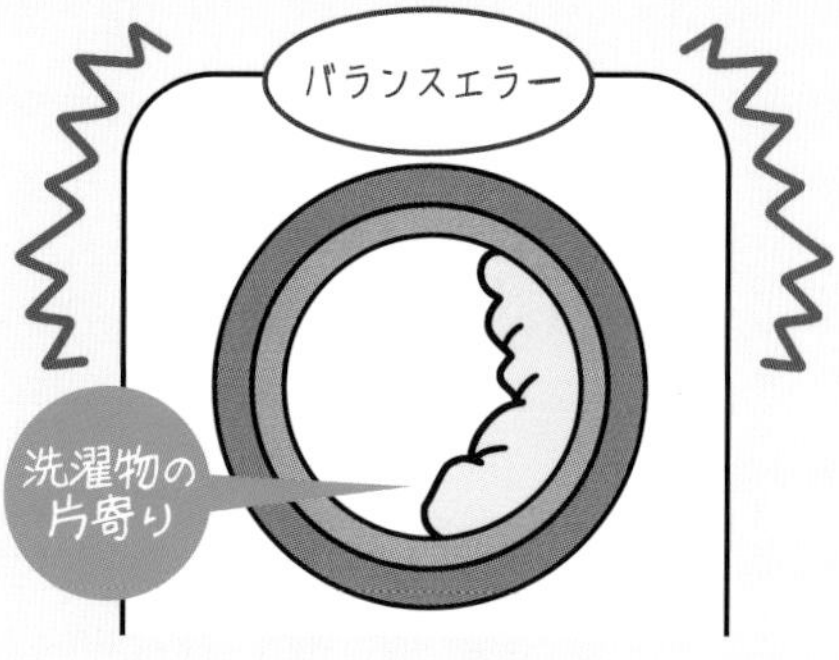

縦型洗濯機洗いの場合

1 洗濯機に洗剤を入れてスタート。 注水が終わり、 回転してから1分程度で途中停止させる

2 羽毛布団を大きめの洗濯ネットに入れる

丸めて空気を抜く

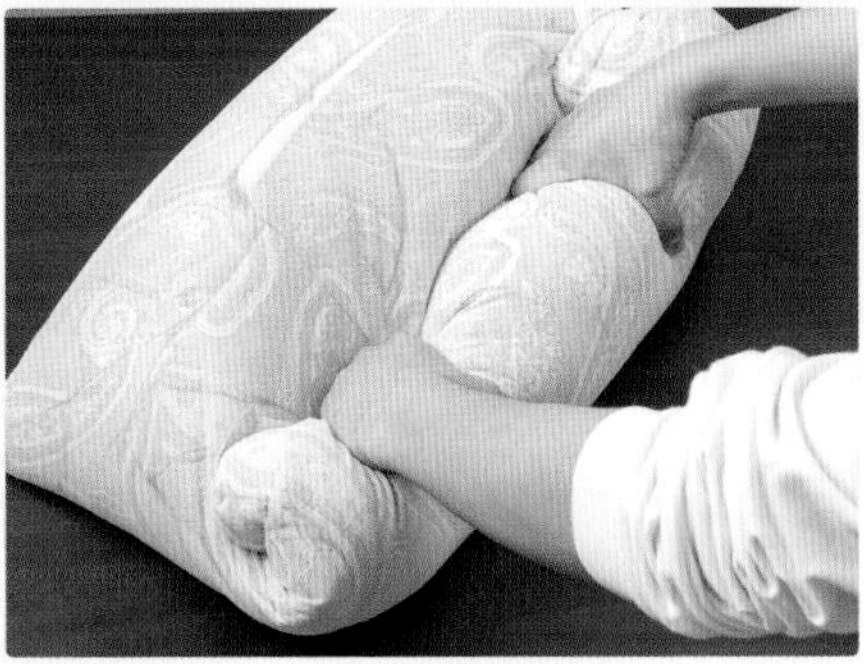

3 端から丸めて、 空気を抜いてできるだけ小さくする

4 踏み台に乗って小さくした布団を洗濯層の底にしばらく沈めて、 水中でゆっくり広げる

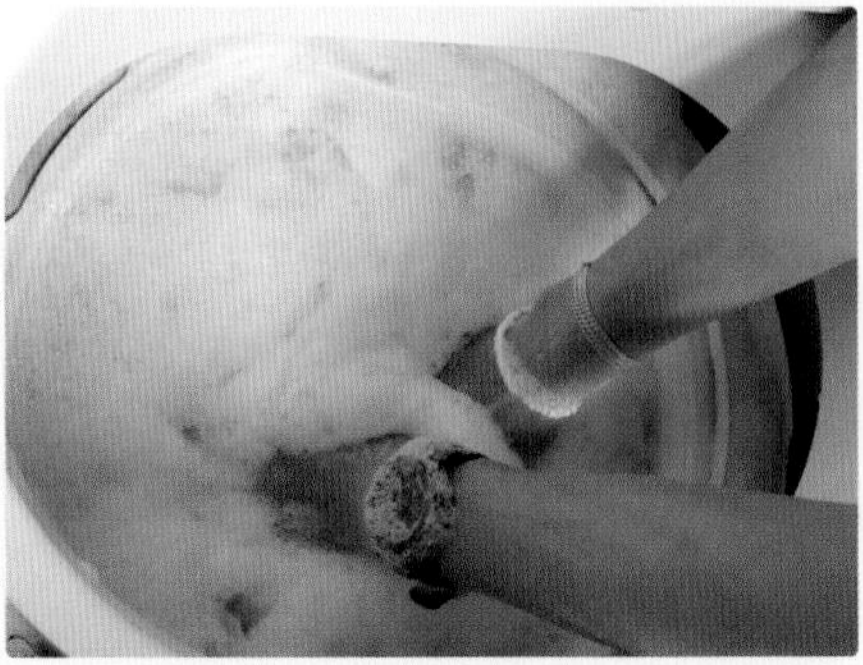

5 洗濯機の中で押し洗いを1分間する

6 洗濯機の蓋を閉めて、 毛布洗いコースで洗濯を開始

7 すすぎになったら途中で一時停止して蓋を開け、 布団が水に浸かっていれば蓋を閉めて再開する。 布団が浮いていたら、 1分間押して沈めてから、 蓋を閉めて再開する

羽毛布団の干し方

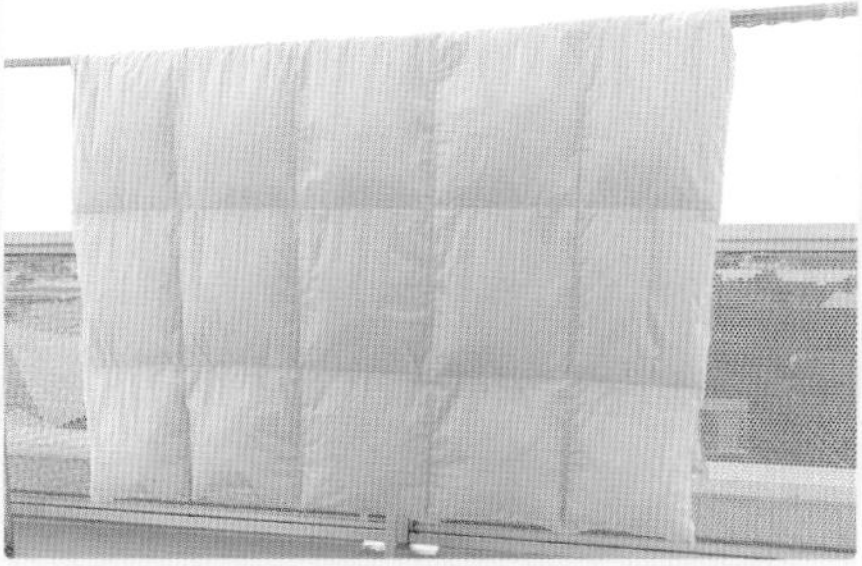

1 風通しの良い場所に干す

2 翌日裏返して干す。羽毛が固まっていたら、固まりを手でほぐして干しましょう

乾いた羽毛布団を膨らませる

乾燥機を使う場合

厚手の羽毛布団：コインランドリーの大型乾燥機に1枚入れて数分間乾燥
薄手の羽毛布団：家庭用乾燥機に1枚入れて数分間乾燥。またはコインランドリーの大型乾燥機に2～3枚入れて数分間乾燥

乾燥機を使わない場合

乾いた羽毛布団を上下に数回扇いで、干した状態で布団叩きやハンガーで全体を叩き、2、3回繰り返す

汚れや臭いを落として清潔に！

スニーカーの洗い方

日常使いで
汚れたスニーカーも
ピカピカに！

【 スニーカーの洗い方の基本 】

1 泥が付いていたら、濡らさず乾いた状態で、ブラシで擦って表面の泥を取り除く

2 靴全体が入る大きさの桶などにお湯を入れ、洗剤と酸素系漂白剤を溶かす

- 白いスニーカーは湯温約60℃（熱湯と同量の水を足すと約60℃）
- 普通のスニーカーは湯温約40℃（熱湯2に対し水3を足すと約40℃）
- 色の濃いキャンパス地スニーカーは色落ちを防ぐために漬込まないで、水と洗剤を付けてブラシでやさしく擦って、水で流して脱水する。

3 洗面器にスニーカーを60分程度漬込む

4 手袋を付けてスニーカーを取り出し、ブラシに洗剤液を漬けて汚れ部分を擦る

5 水でしっかりすすぐ（洗濯機ですすぐのも可）。すすぎが悪いと黄ばむので要注意

6 洗濯機で脱水して、風通しの良い場所で干す

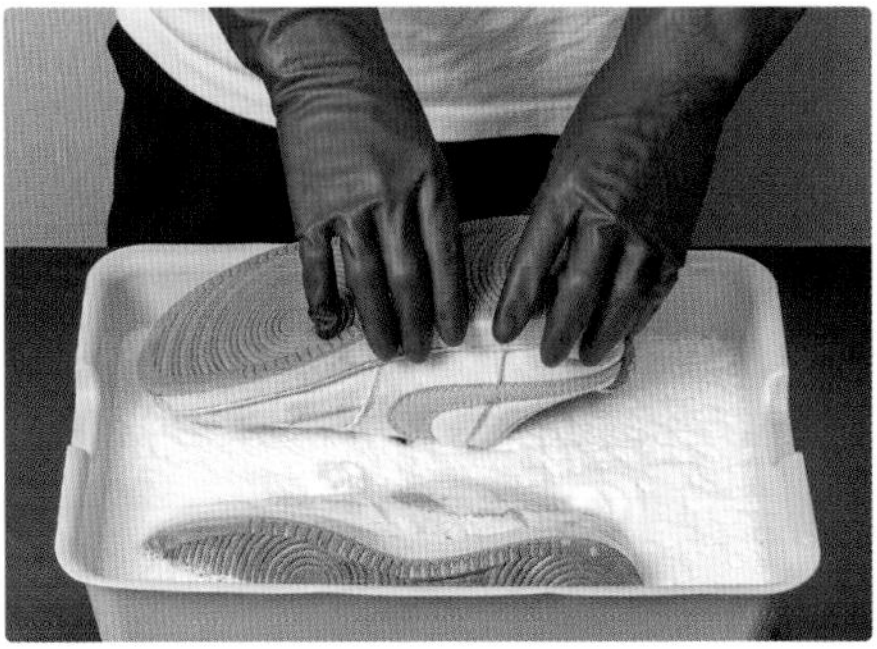

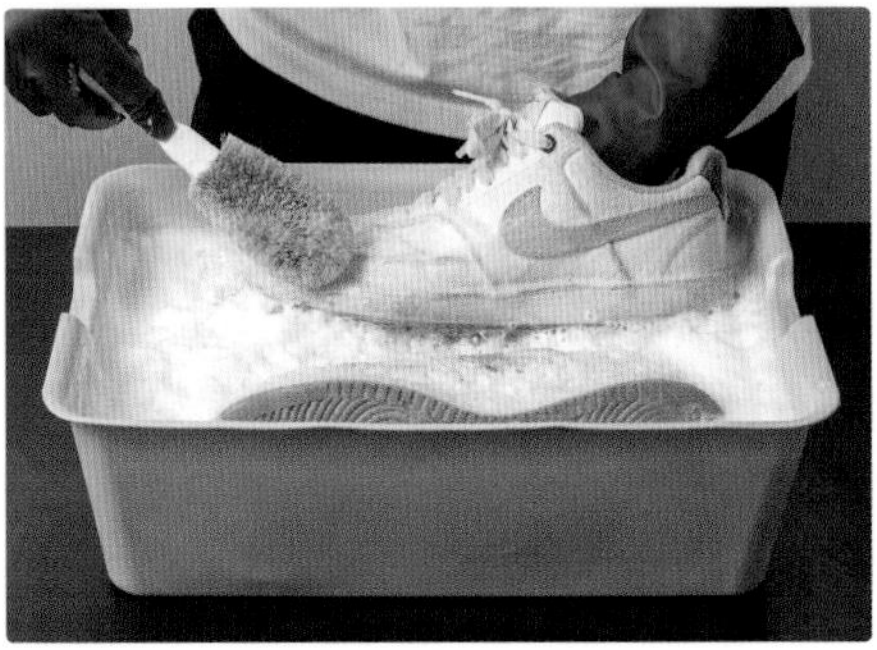

【レザースニーカーを洗う場合】

1 洗面器にぬるま湯を入れて、洗剤を溶かす

2 スポンジに洗剤液を含ませて、レザースニーカーのアッパー部分をやさしく擦る

3 ソール部分の汚れは硬いスポンジかブラシで擦る

4 水でしっかりすすぐ
（すすぎが悪いと黄ばむので注意）

5 洗濯機に入れて脱水する

6 靴の中にタオルやシューズキーパーを入れて干して型をつける

7 保湿クリームを塗って艶を出して、汚れにくくする

アッパー部分はスポンジ

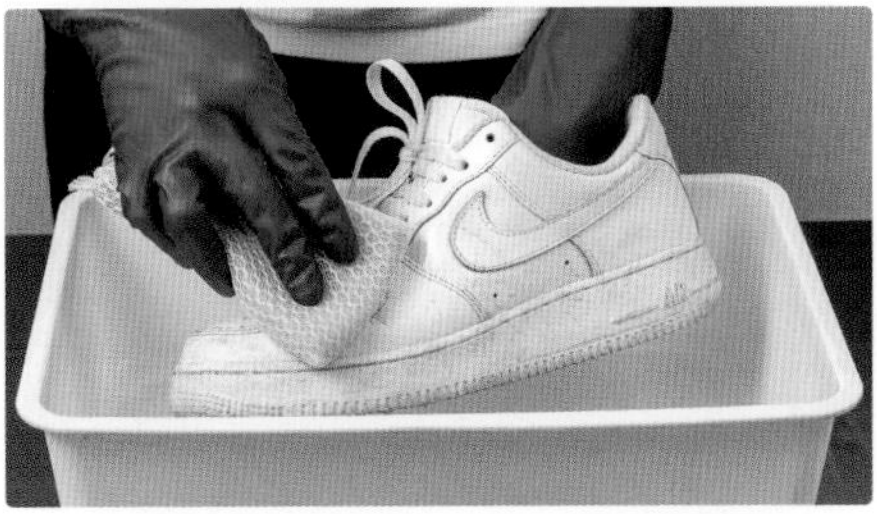

ソール部分はブラシ

Point!

色の濃いレザースニーカーを洗う場合はぬるま湯ではなく、水を使用しましょう。レザー表面が劣化している時は、剥がれることがあるので洗わずに汚れを拭き取るようにします。スエードスニーカーは色落ちするので洗わずに、汚れていいタオルを水に濡らして硬く絞り、やさしく叩き、タオルに汚れを移します。

汚れを落として清潔になる

バッグの洗い方

使っていると
意外にどんどん
汚れていく！

【リュック・スポーツバッグ・トートバッグ】

（ポリエステル・ナイロン製）

1 すべてのチャックやバックルを開き、ポケットの中の物を取り出す

2 汚れ部分にぬるま湯と洗剤を付けて、ブラシでやさしく擦る

3 バッグを洗濯ネットに入れて洗う（汚れている場合は、ぬるま湯と洗剤と酸素系漂白剤で漬おきしてから洗濯）

4 風通しの良い日陰にポケットなどを広げて干す

※合皮バッグは漬おきせずにおしゃれ着（ドライ）コースまたは手洗いで洗う

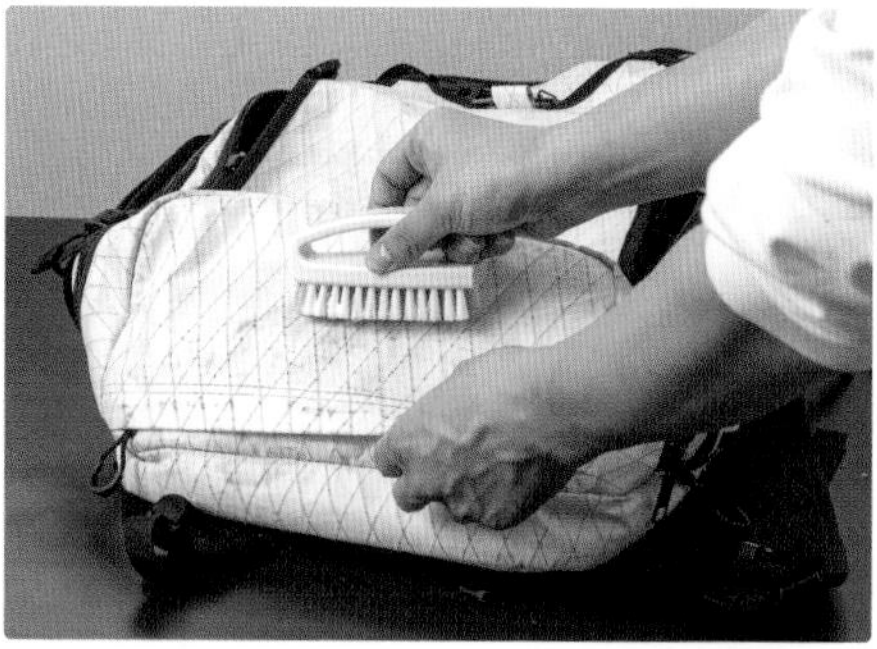

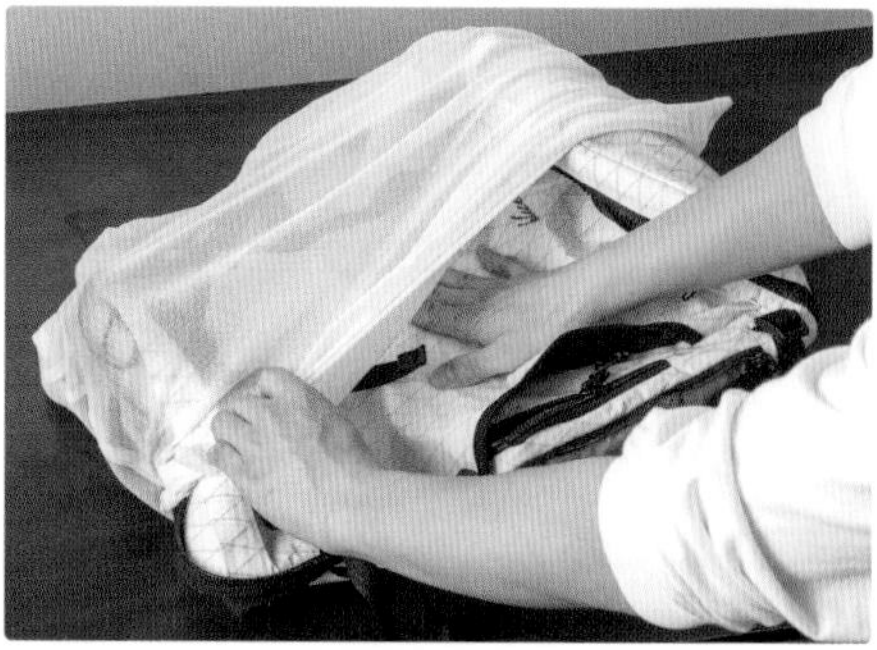

【コットンバッグ】

汚れた白色のバッグの場合

1 洗面器にお湯約60℃を入れて洗剤と酸素系漂白剤を溶かして洗剤液を作る

2 汚れ部分に洗剤液を付けてブラシで擦る

3 洗面器の洗剤液に漬おきする

4 60分以上後に洗濯機に液ごと入れて洗濯

5 形を整えて干す

※色柄・飾り・プリントなどが付いている物はP106の手順で洗う

汚れ部分の前洗い

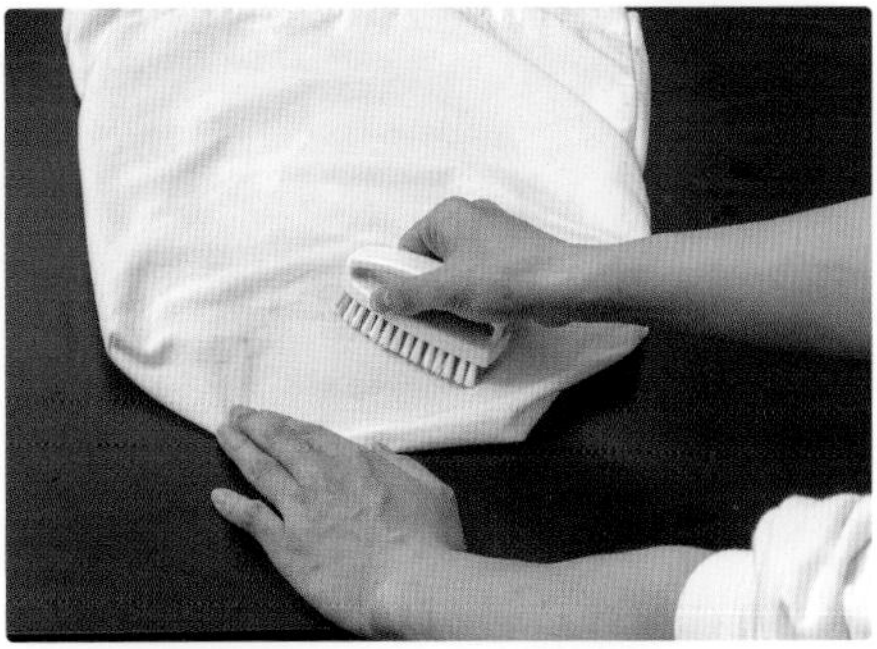

つけ置き

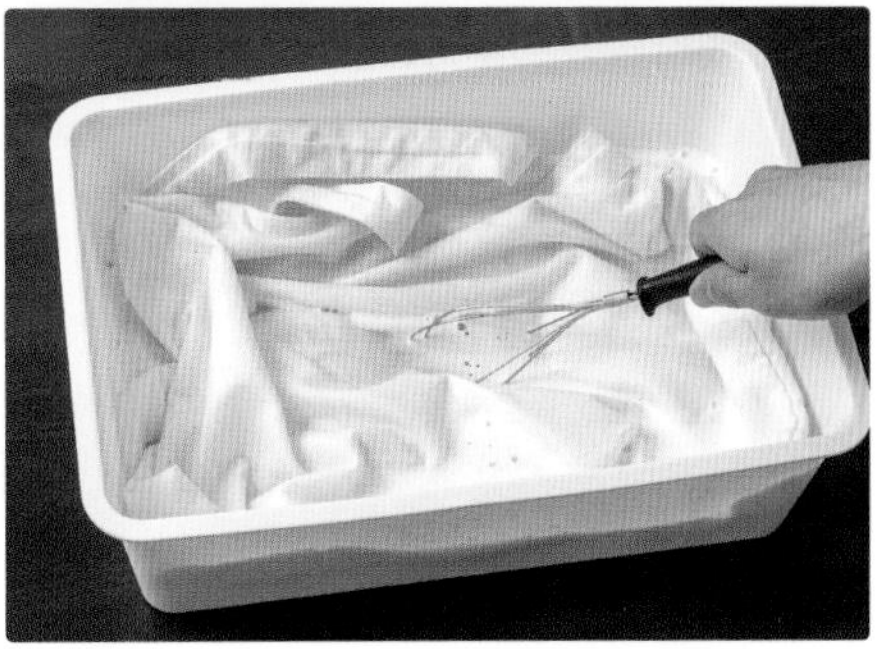

形を整える

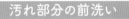

家で簡単に
すぐ洗える！

汚れを落として“きれいに”してあげよう

ぬいぐるみの洗い方

【洗濯機で洗う場合】

1 洗濯ネットに入れて洗濯機で洗濯する（デリケートな物は弱洗い）

2 風通しの良い場所に干す

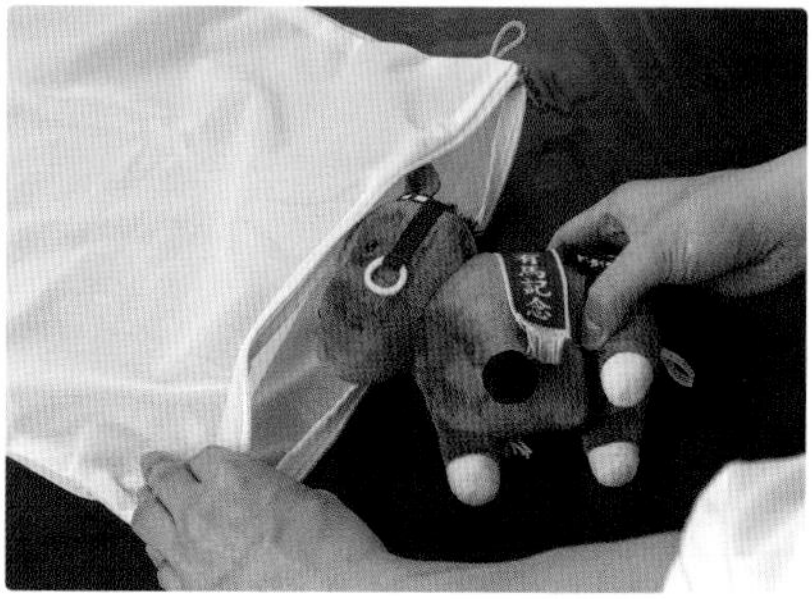

【洗面器で洗う場合】

1 洗面器にぬるま湯と洗剤を入れて混ぜる

2 洗剤液に浸けて手でやさしく洗う

3 洗濯機で脱水する

4 洗面器ですすいで洗濯機で脱水（2回繰り返す）

5 洗濯機で脱水（水を入れ替えて1、2回4、5を繰り返す）

家庭で洗えないぬいぐるみ

- 中綿が硬め
- 色落ちしやすい
- ウールや皮が付いている
- 高級品、貴重品、特殊な素材など

※洗えないぬいぐるみは乾いたタオルで表面のホコリを払い落としてから濡れたタオルを押し当てて汚れをタオルに移す

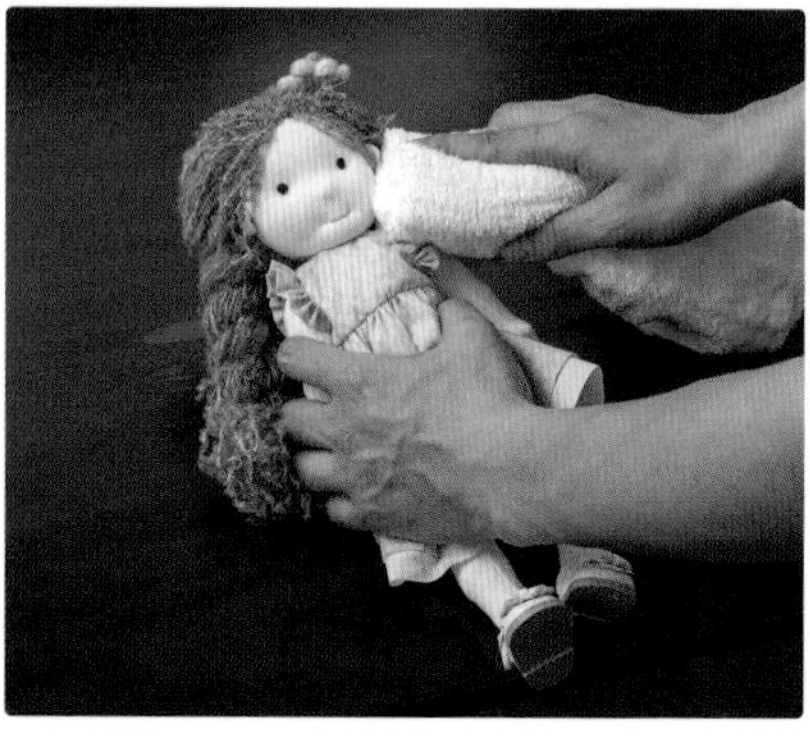

洗濯して
きれいになれば
長く使えて
ゴミ減量

こまめに洗濯して、ダニアレルゲンや
汚れや臭いをきれいに落して清潔に！

カーペットやラグ、布団の洗い方

1 汚れ部分にお湯と洗剤を付けて
ブラシで叩く

2 ジャバラ折りにしてネットに
入れる（ドラム式洗濯機はネッ
トに入れない

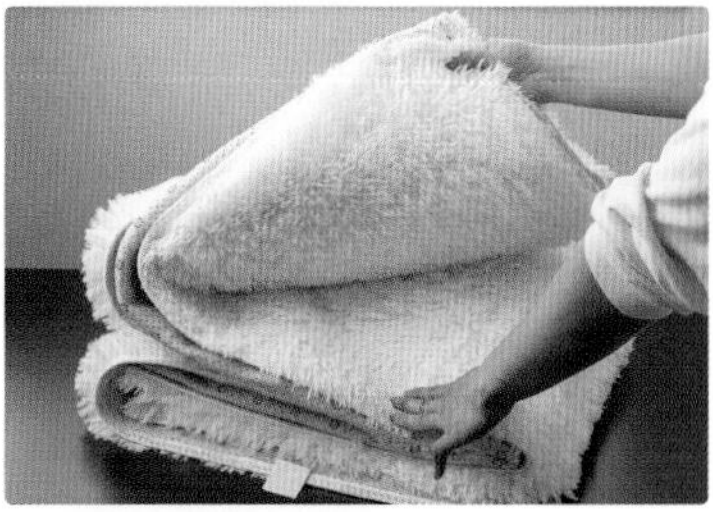

3 毛布洗いコースで洗濯する

4 風通しの良い場所に干す

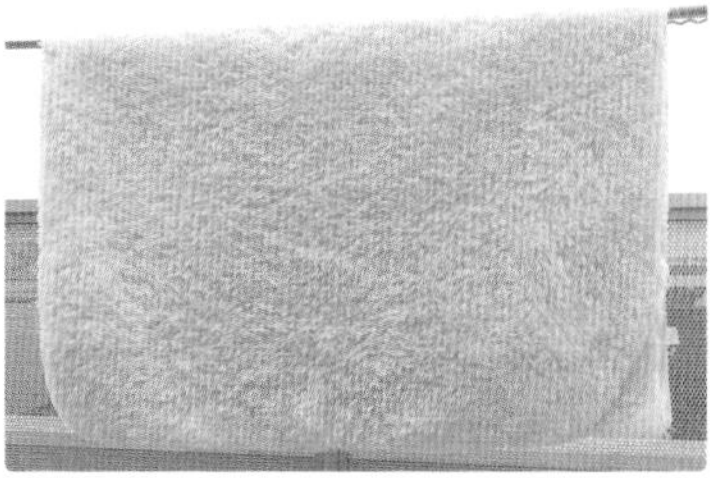

※取り扱い表示で洗濯できるか確認しよう（表示がなくてもポリエステル・アクリル100％は洗える物が多い）
※洗濯機に入らない場合は、コインランドリーで洗濯できる
※折りたためない物やウール・シルク製品は洗えない

Part7

石けん洗濯のすすめ

最後まで環境にやさしい
家庭から排水として
石けんが流れ出す
石けんカスは微生物や
魚の栄養源になる
最終的には
魚のエサになる

洗濯用
洗剤

一般的な家庭でまだまだ多い合成洗剤での洗濯。
しかし、合成洗剤には化学物質による
アレルギー症状のおそれなど、
実は様々なリスクがあります。そこで、
肌にやさしく、地球環境にも良いということで
近年注目されているのが「石けん洗濯」です。
石けん洗濯とは何か、石けんの種類や特徴、
石けん洗濯によるメリットなど、
「石けん洗濯」の基本をお伝えします。

合成洗剤と石けんの違いを知ろう

そもそも「石けん」って何?

石けん
無害な界面活性剤

合成洗剤
有害な合成の界面活性剤

合成洗剤と石けんは、成分や性質が全く違う

石けんは固形で、洗剤は液体や粉末と思っている方は多いと思います。しかし、石けんは固形だけではなく、液体石けんや粉末石けんがあります。石けんは合成洗剤と同じ洗剤ですが、成分は全く違うものです。石けんと合成洗剤の違いや特徴を理解して使用することが大切です。

石けんと合成洗剤の違い

	石けん	合成洗剤
汚れ	落ちやすい	落ちにくい
生乾き臭	しにくい	しやすい
抗ウイルス効果	高い	低い

肌にやさしい石けん、肌荒れしやすい合成洗剤

石けんは、皮膚のバリア機能を低下させません。そのため、肌荒れしにくく、アレルギー症状が起こりにくい性質があります。

一方、合成洗剤は、皮膚のバリア機能を損ねる恐れがあり、様々な化学物質が皮膚に浸透します。そのため、手荒れや痒み、発疹などの皮膚障害やアレルギー症状を起こしやすくなります。

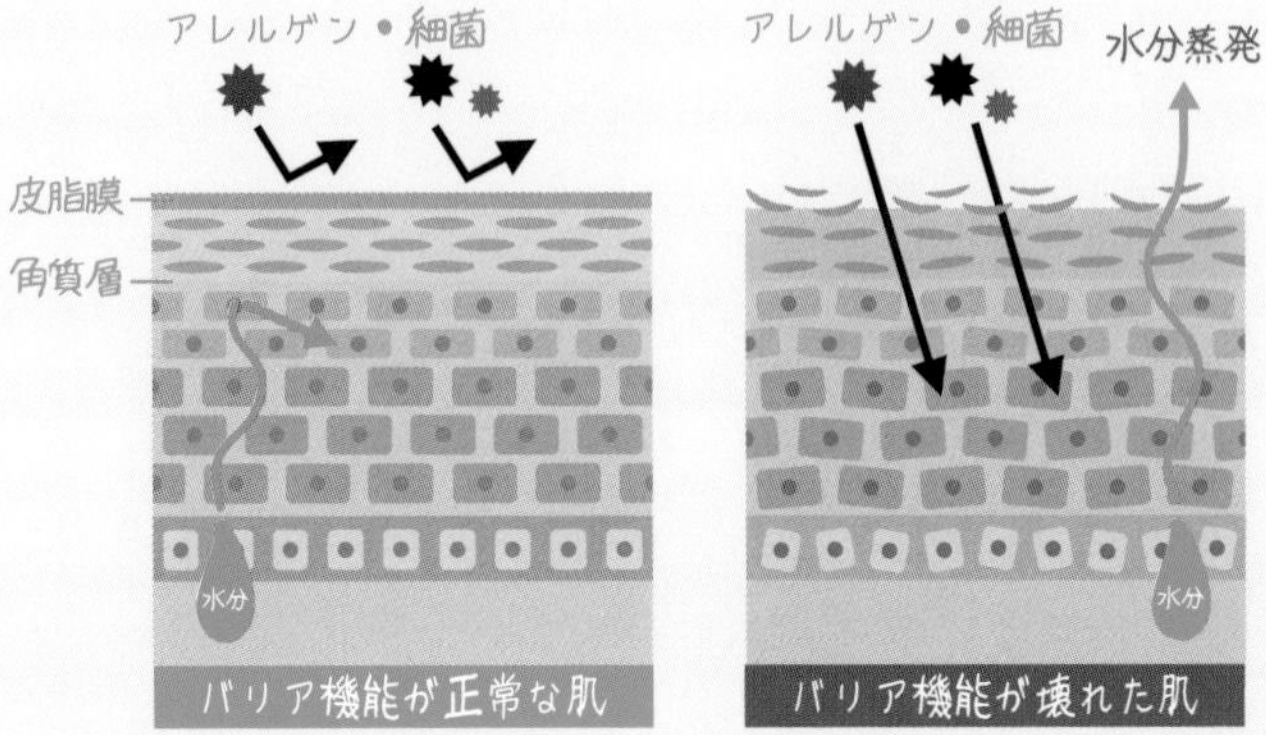

自然由来の石けんは洗濯のメリットがいっぱい!

石けん=肌触りがさっぱり 合成洗剤=ヌルヌル

石けんは、すすぎが良いため、洗剤分が残りにくく、肌触りがさっぱりとします。合成洗剤では、すすぎが悪く、洗剤分が残りやすいため、肌触りがヌルヌルした感触が残ってしまいます。体を洗うときも、固形石けんで洗うとさっぱりしますが、ボディーソープ（合成洗剤）で洗うとヌルヌルします。それは、合成界面活性剤が皮膚に残っているからです。

合成洗剤は手頃価格、石けんは環境面に◎

石けんは繊維の脱脂力が弱く、洗濯しても衣類が固くならないので、柔軟剤を使う必要がありません。合成洗剤は繊維の脱脂力が強く、衣類が硬く

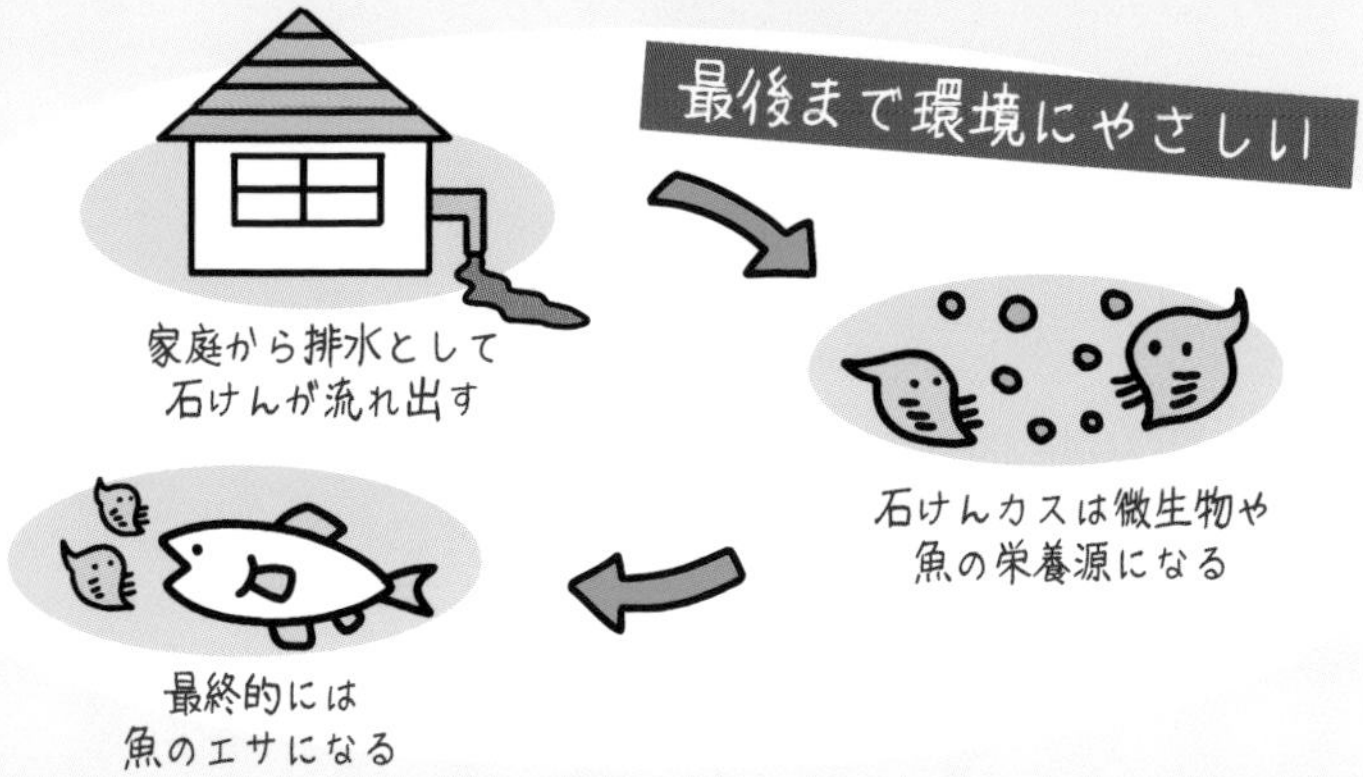
最後まで環境にやさしい
家庭から排水として
石けんが流れ出す
石けんカスは微生物や
魚の栄養源になる
最終的には
魚のエサになる

なる傾向があるため、柔軟剤を使う方も多いようです。

また、石けんは、薄まると洗剤の能力が無くなり、すぐに分解されて自然に戻る性質があります。しかし、合成洗剤は、薄まっても洗剤の能力が残り、分解されにくく河川を汚染する要因になってしまうのです。海底には合成界面活性剤が溜まって海洋生物に悪影響を及ぼしているとも言われています。

価格面では、石けんは高価な天然油脂原料を使うために、若干高くなる傾向にあります。一方、合成洗剤は、安価な石油原料を使うために、価格が石けんよりも安い特徴があります。コスパだけを考えると合成洗剤のほうがよいと思われがちですが、健康面や環境問題や洗濯の質など全体を考えると石けんのほうが優れていると言えるでしょう。

パッケージ裏を見て確認

石けんと合成洗剤の見分け方

ハンドソープは〝石けん〟ではない！

ハンドソープやボディーソープは、〝ソープ〟だから石けんだと思っている方が多いのではないでしょうか？　しかし、それらは石けんではなく、合成洗剤です。パッケージに「天然成分配合」「植物性由来原料」「無添加」「ボタニカル」「オーガニック」「肌にやさしい」「ベビー専用」といった言葉を見かけることも多いですよね。一見、人にも環境にもやさしい洗剤のように見えます。

でも、これらの製品名や成分表示をよく見てみると、一般的な合成洗剤とほとんど変わらない物があります。製品名やパッケージに惑わされずに、パッケージ裏の成分表示をよく確認して判断するようにしましょう。

合成洗剤のパッケージはカタカナの成分名が多い

洗濯用洗剤と台所用洗剤は、家庭用品品質表示法（消費者庁）により品名に合成洗剤か石けんかのどちらかが明記されています。しかし、ボディーソープやハンドソープ、シャンプー、歯磨き粉などには品名にないことが多いため、その場合は成分で確認する必要があります。

図①のようにカタカナ名の成分が多く表記されているのは合成洗剤です。石けんは図②のように「石けん素地」や「カリ石ケン素地」、もしくは「純石けん分（脂肪酸ナトリウム、脂肪酸カリウム）」というシンプルな成分表記が多くあります。

図①　合成洗剤ボディーソープ

成 分	水、ラウリン酸、ミリスチン酸、水酸化K、ステアリン酸、ラウレス硫酸Na、グリセリン、コカミドプロピルベタイン、香料、ジステアリン酸グリコール、ヒドロキシプロピルメチルセルロース……

図②　石けんボディーソープ

成 分	水、カリ石ケン素地

自分に合ったものを選ぼう

石けんの種類と特徴

目的や用途に合わせて石けんを使い分けよう

洗濯用石けんには、「液体石けん」と「粉末石けん」の2種類があり、それぞれ特徴が異なります。目的やライフスタイルに合わせて、自分に適した石けんを選びましょう。

また、どちらか一方だけを使うのではなく、用途に合わせて液体と粉末を使い分けることで、より快適な石けん洗濯生活ができます。おしゃれ着も専用洗剤で洗うより石けんで洗った方がきれいに仕上がります。おしゃれ着などは無添加せっけんを使うと、やさしく洗うことができて、ふっくらと柔らかく仕上がります。

台所用石けんも肌にやさしい洗剤なので、おしゃれ着洗いにも◎。

やさしい洗いで
おしゃれ着も
洗える

無添加石けん
（粉・液体）

おしゃれ着、ウール、シルク、普通の洗濯物が、柔らかく肌触りのいい洗い上がりになります。台所用石けんは無添加が多く、おしゃれ着洗いにも◎。

汚れや臭いを
しっかり
落としたい時に！

粉石けん

洗浄力が高く、汚れや臭いがよく落ちます。価格は液体石けんより低め。水温が低い時は、溶け残りしやすいため、溶かしてから洗濯機に入れる。

忙しくて
時間がない、
普段使いに！

液体石けん

溶け残りがないので初心者でも簡単に使えます。洗浄力は粉石けんより低く、価格は粉石けんより若干高め。

初めてでも簡単にできる!

石けん洗濯のコツ

3つの方法をマスターして石けんカスを残さない

初めて石けん洗濯をされる方や、以前はやっていたけど今は合成洗剤に戻ってしまった方に、簡単な石けん洗濯のコツをご紹介します。

石けん洗濯にはいろいろなやり方があります。今まで石けん洗濯をして問題なかった場合は、そのままのやり方で続けてもらって大丈夫です。石けん洗濯が少し難しい点は、石けんカスが洗濯物に残りやすいことです。石けんカスが残りにくくなる3つの方法を実践して解決しましょう。

ステップ1 石けんの入れ方

石けんは洗濯槽に直接入れるようにしましょう。洗剤自動投入に石けんを入れると洗濯機が詰まってしまい、故障の原因になります。

粉石けんは石けんを先に入れてから洗濯物を入れた方が溶けやすくなります。粉石けんは水温が20℃以下になると溶けにくくなるので、冬場は溶かしてから入れましょう。粉石けんとぬるま湯を洗面器に入れて泡立て器で泡立てると短時間でよく溶けます。

ステップ2 石けんの量を調整

製品の石けん目安量を基準に、汚れや水の硬度によって石けん量を調整します。地域の硬度によって石けんの必要量が異なります。硬度の高い水では石けんの量を増やす必要があります。また、汚れ具合によって、石けんの量を調整します。給水して洗濯が始まった時に、洗濯槽内に泡があれば、汚れと硬度よりも石けん量が上回っている状態です。洗濯が始まって間もなく泡がなくなってしまった時は、汚れと硬度に比べて石けん量が不足しているので、石けん量を増量しましょう。

入れすぎはよくないので、泡立ちすぎないように注意して増量限度は40%程度まで、それ以上は泡立ちが悪くても必要ありません。水だけで予洗いして脱水してから、石けんを入れて洗うと石けん量が少なくなります。水の硬度や皮脂汚れにより石けん量が不足してしまうと、洗濯物に石けんカスが残りやすくなります。

夏は皮脂量が多くなるので、皮脂汚れに負けないように石けんを入れましょう。

石けんは泡が見える程度に

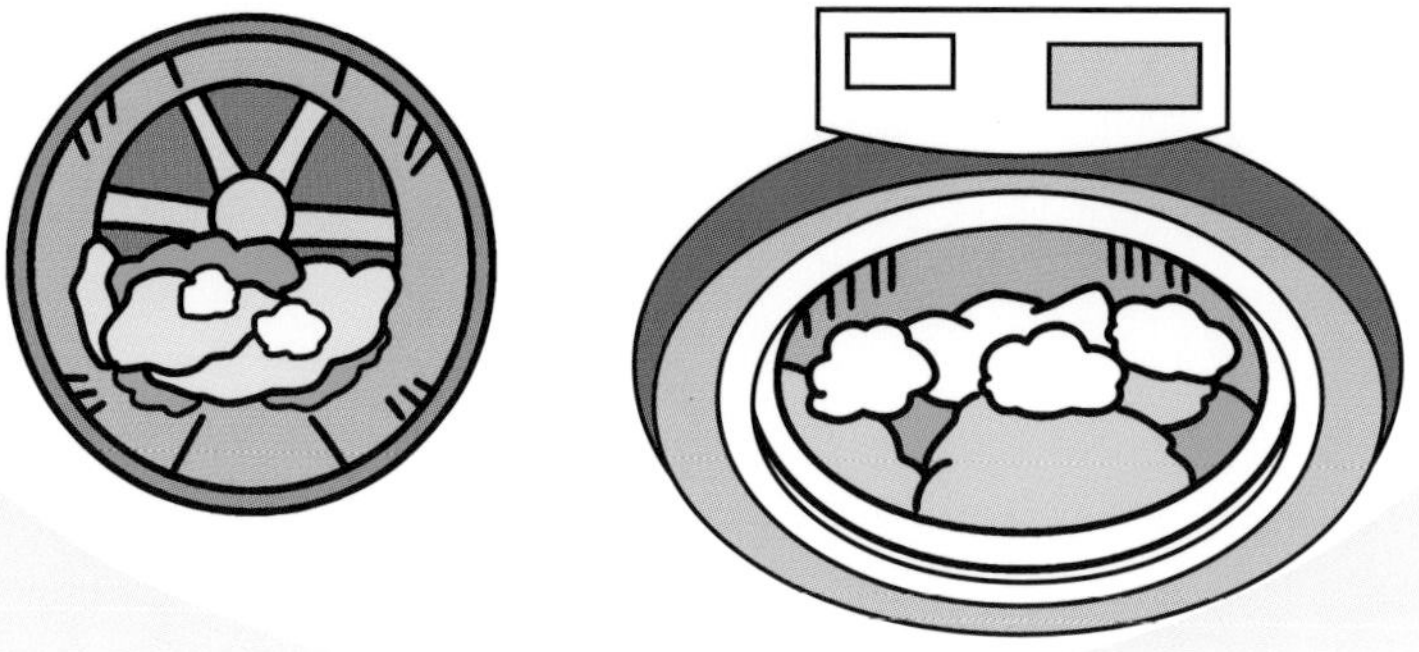

ステップ3 石けんカスを残さない

洗濯物の量は、縦型洗濯物は7割程度まで、ドラム式洗濯機は6割程度までにして、1回すすぎではなく2回以上すすぎましょう。そして水量を調整できる場合は、水量を少し多めに設定（すすぎ水量だけでもOK）。水量を調整できない場合は、すすぎ回数を増やすことで、石けんカスが残りにくくなります。石けんカスは、石けんと水のミネラル分が反応して必ず発生します。この石けんカスを衣類や洗濯層に残さずに洗い流すためには、しっかりすすぐ必要があります。特にドラム式洗濯機は水量が少ないため、石けんカスが残りやすいので、水量を増やすか、すすぎ回数を増やしましょう。また洗濯物を入れすぎてしまうと、石けんカスをしっかり洗い流すことができないので、適正量を守りましょう。2回に分けて洗濯するのは「もったいないから」、つい詰め込んで1回で洗濯したくなりがちですが、詰め込まないで多い分は後日に洗濯するようにしましょう。

また、クエン酸を使うと石けんカスが残りにくくなります。柔軟剤投入口にクエン酸（小さじ2〜3杯）を入れて洗濯するだけで、最後のすすぎにクエン酸が入り石けんカスの付着を防ぎます。洗濯物に石けんカスが付かなくなると、洗濯層にも石けんカスが付かなくなるので、洗濯層の黒カビが発生しにくくなるメリットがあります。

快適に石けん洗濯をするための秘策

石けんカス解消法

石けん洗濯のお悩みで最も多いのが「石けんカス」。主に黒っぽい洗濯物についてしまう白い粉の正体が石けんカスです。石けんカスには「金属石けんカス」「酸性石けんカス」「粉末石けんの溶け残りカス」の3種類あります。それぞれの対策を知って、快適な石けん洗濯を実践しましょう。

金属石けんカス

水道水に含まれるミネラル分（カルシウム・マグネシウム）と石けんが反応して発生します。

対策

1. 洗濯物を入れすぎない（縦型は7割まで、ドラム式は6割まで）、すすぎの水量を増すか回数を増す
2. 柔軟剤投入口にクエン酸小さじ2〜3杯を入れる

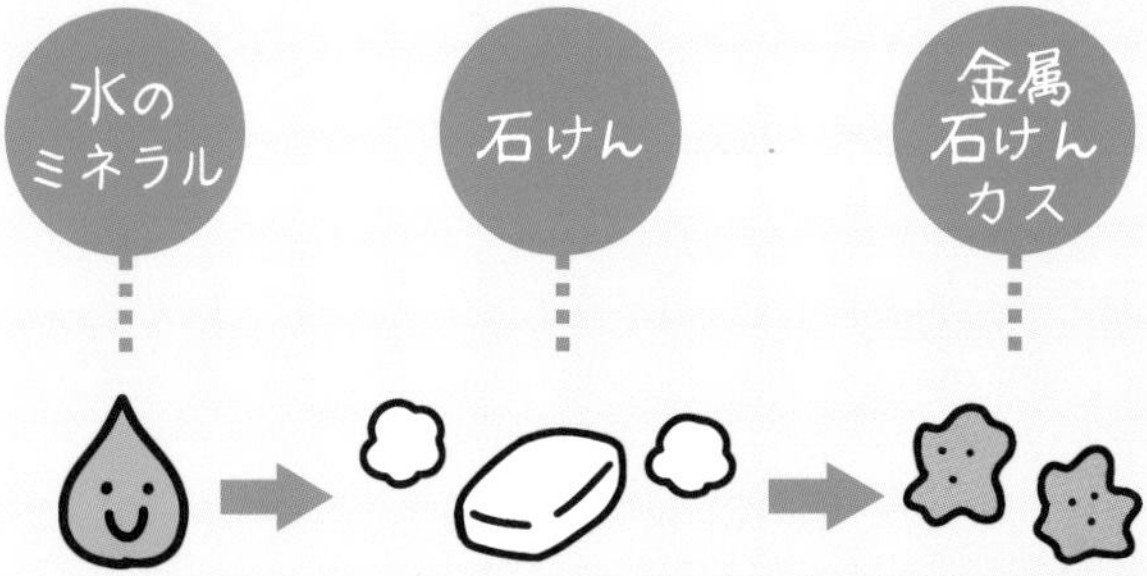

粉末石けんの溶け残りカス

粉末石けんは20℃以下の水には溶けにくいので、粉末石けんの溶け残りが洗濯物に付着します。

対策

水温が低い場合、ぬるま湯で粉末石けんをしっかり溶かしてから投入する

酸性石けんカス

酸性石けんカスは、石けんが汚れに対して不足すると発生します。石けんは油脂をアルカリ反応させて作られるアルカリ性洗剤です。酸性の汚れが多く、アルカリ性の石けんが少ないと、石けんが油脂に戻って、酸性石けんカスになります。酸性石けんカスは、油性でベタベタしているので、洗濯物に付くとすすいでも落ちません。石けんはまず、水道水のミネラルと反応して金属石けんカスになります。そして全てミネラルが石けんカスになり、ミネラルが無くなると、残った石けんが汚れと戦います。水道水のミネラル（硬度）は地域によって異なります。ミネラル分が多い場合は、多くの石けんが金属石けんになるため、汚れと戦う石けんが少なくなります。残った石けんが汚れより多ければ、酸性石けんカスは発生しません。しかし残った石けんより汚れの方が多ければ、酸性石けんが発生してしまいます。その為、水道水のミネラル分が多い地域では、石けん量を増やさなければ石けん不足になり、酸性石けんカスが発生してしまいます。

対策

1 目安量は最低量。ミネラルや皮脂汚れの量に合わせた石けん量が必要

2 夏は皮脂汚れが2倍。夏はいつもより石けんを増やす必要があり

3 適切な石けん量は、洗濯が始まっても泡があればOK

4 洗濯が始まって間もなく泡がなくなってしまったら、液体石けん又は溶かした粉石けんを追加する

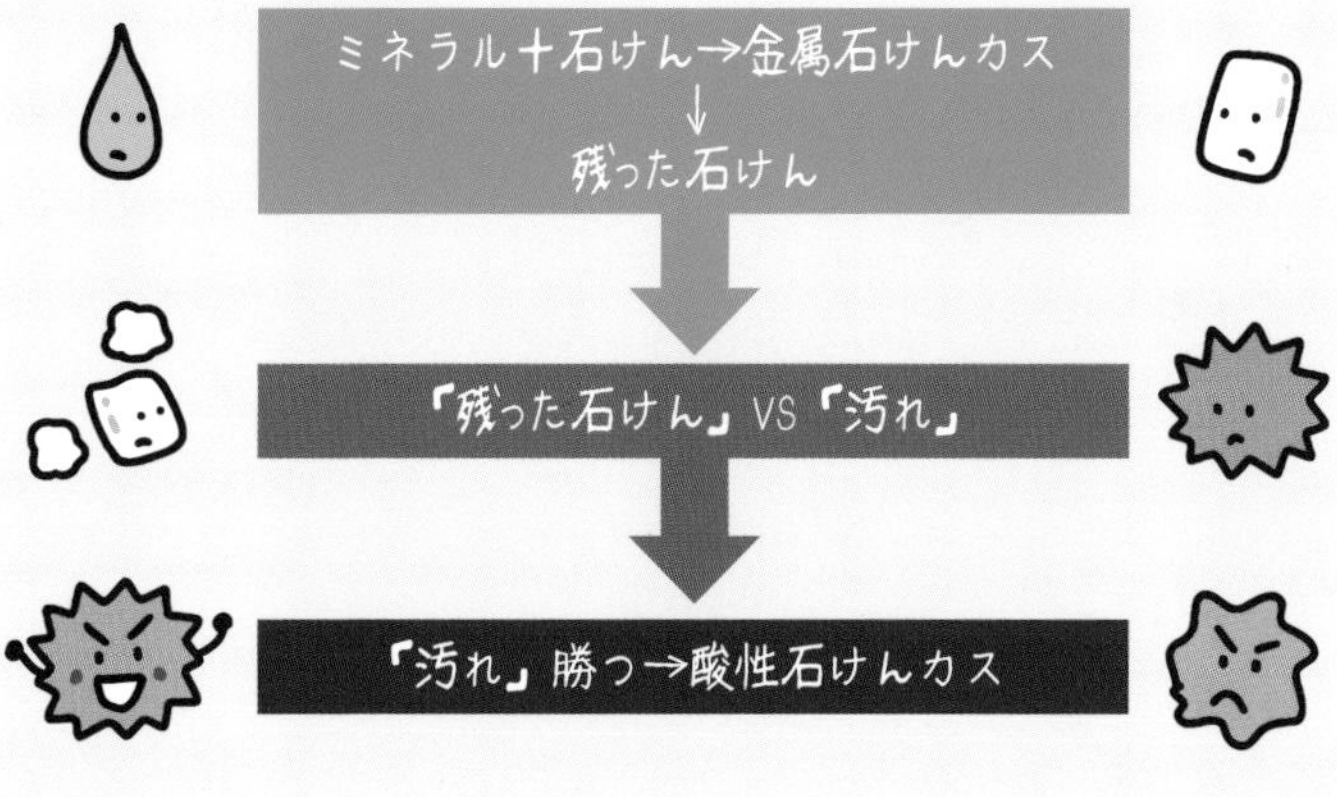

肌トラブルでお困りの方は石けんがおすすめ

アレルギーと合成洗剤

知られざる合成洗剤とアレルギーの関係

約50年前には「アレルギー」は、ほとんどありませんでした。近年の日本では、花粉やダニなどによる鼻炎、喘息、アトピー性皮膚炎や食物アレルギーなど、アレルギー患者が国民の2人に1人いると言われています。「アレルギー」は国民病とも呼ばれるほど、社会問題化しています。世界アレルギー機構（WAO）の調査によると、世界中で約3億5千万人もの人々がアレルギー疾患を患っていると言われており、先進国ほど罹患率が高いようです。

合成洗剤は、合成界面活性剤、酵素や防腐剤、化学香料などの有害な化学成分を体内に侵入させる恐れがあると言われています。健康な細胞にはバリアとして働く強固な壁が備わっていて、その壁は互いに密着し、細胞の間には隙間はなく有害物質の侵入を防ぎます。

しかし、合成洗剤は細胞内のタンパク質を変性させながら連鎖的に細胞を破壊し、細胞の間に隙間ができてバリア機能が働かなくなります。そのことにより、有害な化学物質、マイクロプラスチック、細菌、毒物、アレルゲンなどが体内に入り込んでしまい、アレルギーや皮膚炎の原因になる可能性があります。

いそべクリニック院長・医学博士の磯辺善成氏は著書で「アトピー性皮膚炎の最大の原因は合成洗剤だった」と警鐘を鳴らしています。特にアトピー性皮膚炎などの肌トラブルでお困りの方や、アレルギー体質の方は、合成洗剤ではなく石けんの使用をおすすめします。

引き算の発想で生活を変える

「減・合成化学物質」という暮らし

食品と同じように洗剤も安全な製品を使う

私たちの便利な生活には、多くの化学物質により成り立っていると言っても過言ではありません。この利便性の裏側には、実は様々な〝不便〟が隠されているのです。その象徴が様々なアレルギー症状です。花粉症、食物アレルギー、アトピー性皮膚炎、化学物質過敏症と多くの人々を苦しめているアレルギーは、合成洗剤をはじめとする化学物質が原因であると、先述したように医師や専門家が警鐘を鳴らしています。

食品には減農薬野菜や保存料、着色料などの添加物が少ない安全性を意識することがあっても、洗剤には安全性を意識しない方も多いのではないでしょうか？ それは、イメージや利便性を優先させてしまう傾向にあるからだと思います。食品と同じように有害な化学物質を含まない安全な洗剤を意識していただきたいと思います。

現代の暮らしは、多くの目に見えない合成化学物質に囲まれています。どの物質に影響を受けるかは、人によって異なります。日々の生活の中で、「何を足すのか」ではなく、「何を減らせるか」と、本当に必要なものを見極める、〝引き算の発想〟をすることも必要ではないでしょうか？

あなたの“香り”が周囲に悪影響を与えているかも

柔軟剤が健康被害の原因に!?

多くの人は気づいていない「香害」という社会問題

「香害」とは、柔軟剤や合成洗剤などに含まれる人工的な香料によって、様々な体調不良を起こしてしまうことです。この合成香料は、目やのどの痛み、せき、頭痛、めまい、吐き気、アレルギー症状などを誘発します。今まで不快に感じなかった香りが、突然気分が悪くなって体調を崩し、化学物質過敏症を発症することがあります。一度発症すると、ごくわずかな化学物質にも反応してしまい、何日も寝込むほどの体調不良になることもあります。症状が悪化すると、仕事や学校、公共交通機関の利用なども難しくなり、通常の生活が送れなくなる方も少なくありません。化学物質過敏症は決して敏感な人だけでなく、誰にでも起こり得る症状なのです。多くの柔軟剤は、マイクロカプセルの中に合成香料を閉じ込めて、洗濯物に付着させ熱や摩擦などでカプセルの膜が破裂するたびに香料が放出します。その度に合成香料だけではなく、人や環境への影響が懸念されている小さなマイクロカプセルの破片が飛散し、自分やまわりの人が吸い込んでいるのです。柔軟剤は合成界面活性剤の中でも毒性の強い陽イオン系界面活性剤です。痒みや湿疹などの皮膚障害の原因にもなると言われています。肌や健康の為にも柔軟剤などの使用を見直してみませんか。近年、柔軟剤の普及により、化学物質過敏症が社会問題になっています。消費者庁によると、「香料の匂いで体調不良になった」など、柔軟剤の香りに関する相談は２０２２年度に約２００件寄せられたそうです。国の５省庁（消費者庁、文部科学省、厚生労働省、経済産業省、環境省）が連名で香害の周知と香り製品の自粛を求める啓発を行っています。

消費者庁ホームページより

自然環境を守ることは人間を守ること！

柔軟剤も引き金になる「マイクロプラスチック汚染」

汚染され続ける海水環境について考えよう

海のプラスチック汚染が世界中で大きな問題になっています。プラスチックが紫外線などで劣化してマイクロプラスチック（5ミリ以下の微細なプラスチックごみ）になり、海水を汚染しています。海水だけではなく、大気や水道水、めぐりめぐって、魚や動物や人体にも影響を及ぼすとされています。水道水や市販の飲料水、食品にもマイクロプラスチックは含まれています。そうした中、ヨーロッパではプラスチック製品の厳しい規制が行われています。

実は汚染の原因はプラスチックだけではありません。マイクロプラスチックが含まれる「柔軟剤」「洗顔料」「歯磨き粉」なども原因になっていると言われています。多くの柔軟剤にはマイクロプラスチックのカプセルが使用されているので、柔軟剤の排水により大量のマイクロプラスチックが河川に流れています。また、化学繊維の洗濯によってマイクロプラスチックが発生しています。

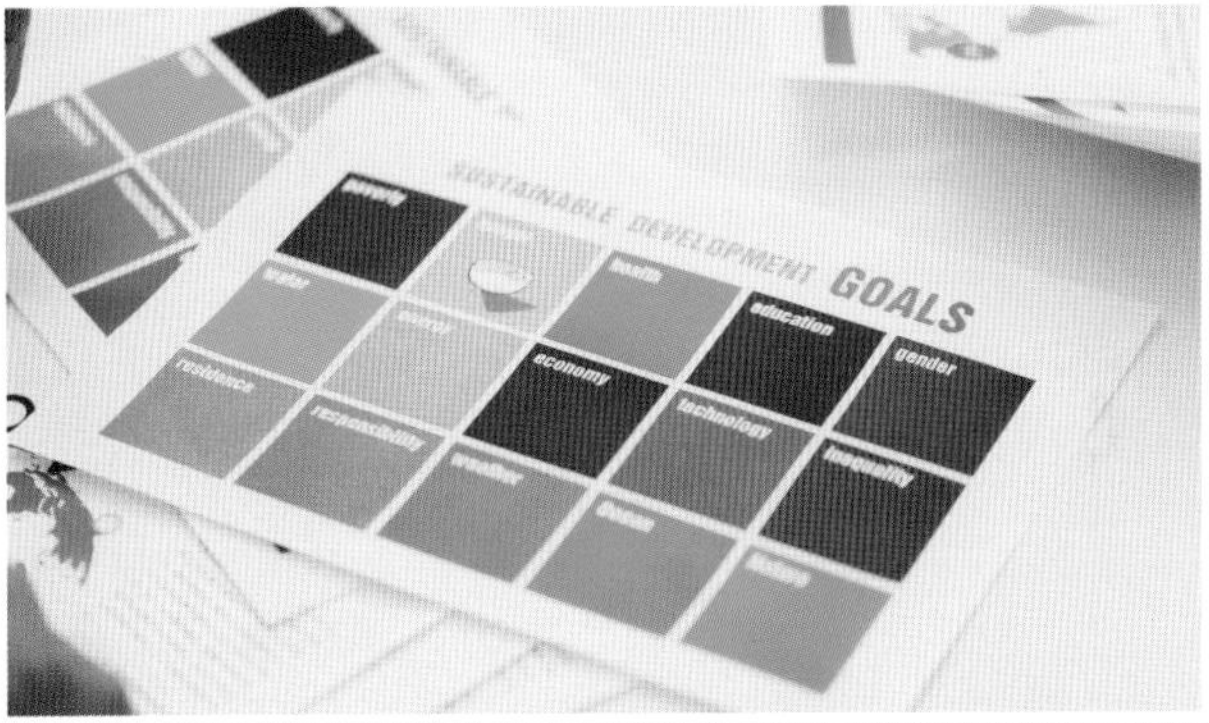

特にフリースの洗濯時には大量のマイクロプラスチックが出てしまうので、目の細い洗濯ネットに入れて洗う、洗濯回数を減らすなどの対策が必要です。EUではマイクロプラスチック添加製品の原則販売が禁止され、マイクロプラスチックの放出防止が目指されています。しかし、日本ではまだ禁止や規制がなく、マイクロプラスチックによる悪影響も周知もされずに使用され続けています。柔軟剤の使用を控えることは、SDGs（持続可能な開発目標）「14海の豊かさを守ろう」の目標にもつながります。

高品質をお届け！

安心・便利な生協紹介

組合員が中心となって出資や利用などを行う非営利組織の生協。高品質な商品を届けてもらえる、家庭洗濯にも便利な商品を取り扱う生協を紹介。

pal*system
生協 パルシステム

パルシステム
生活協同組合連合会

生協のパルシステムは、首都圏を中心にくらしに必要な食品や日用品などを届けている。河川や水環境への配慮のため、洗浄剤には石けんをおすすめし、固形や液体など利用シーンに合わせた品揃えを行っている。

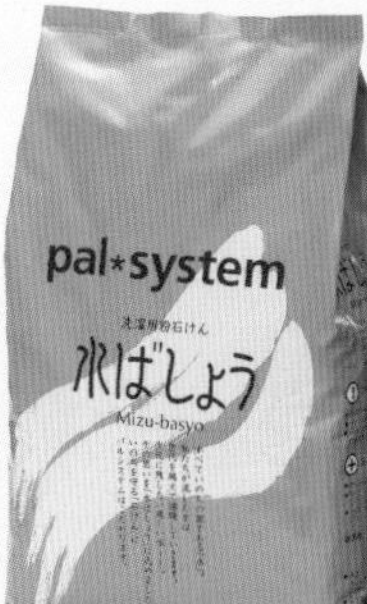

粉石けん
水ばしょう

やっぱり石けん！
洗濯用粉石けん

サステイナブルなひと、
生活クラブ

生活クラブ事業連合
生活協同組合連合会

全国の約42万人が利用する食材宅配の生協。生産者と共同開発した安心安全なオリジナル品を取り揃えている。1977年に合成洗剤の取り扱いを中止し、生産者と組合員が地域ぐるみでせっけん運動をすすめている。

洗濯用
液体せっけん

固型せっけん

CO-OP 東都生活協同組合

東都生活協同組合

人体や環境へ影響を与える物質の総量削減を目指している東都生協。洗濯・すすぎ不十分で衣類に残った成分の肌への刺激や水の汚れ、水生生物の環境などを考えて「LAS」・「蛍光増白剤」の入った合成洗剤は取り扱っていない。

せっけん
そよ風

無添加
お肌のための
洗濯用液体せっけん

COOP 生活協同組合 あいコープみやぎ

あいコープみやぎ

合成洗剤を一切取り扱わない宅配専門の石けん派生協。「使うなら石けんを」を合言葉に、環境負荷を減らすよう、石けん環境委員会が主となって石けんの使い方講座や環境学習会を開催している。

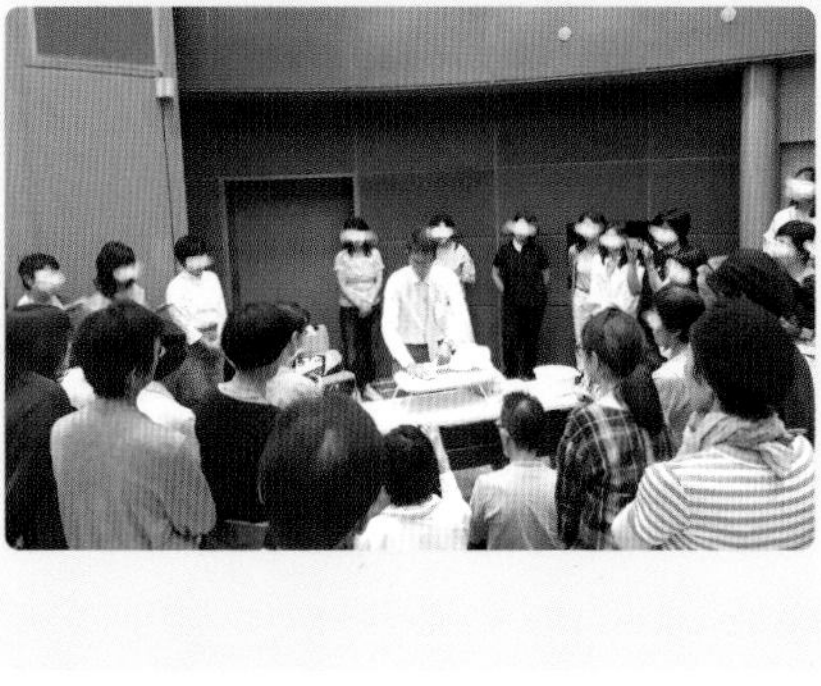

グリーンコープ

グリーンコープ

1988年に九州を中心にしたせっけん派生協が1つになり誕生したグリーンコープ。誕生当初よりグリーンコープは、人への安全性や環境を守り、未来の子どもたちにきれいな水環境を手渡していきたいと考えてきた。合成洗剤ではなくせっけんを使っていくことを伝え、「せっけん運動」を続けている。

香料入 お洗濯の
液体せっけん

お洗濯のしゃぼん
ふわり

無香料 お洗濯の
液体せっけん

しぜんはくらぶ

自然派くらぶ生活協同組合

自然派くらぶ生協は1974年に八王子市の主婦1200人で設立された。1978年に合成洗剤を粉石けんに切り替え、石けん運動を開始。近年では、組合員と太陽油脂でオリジナル石けんを開発し、石けん生活を呼びかけている。

自然派くらぶ
せっけん

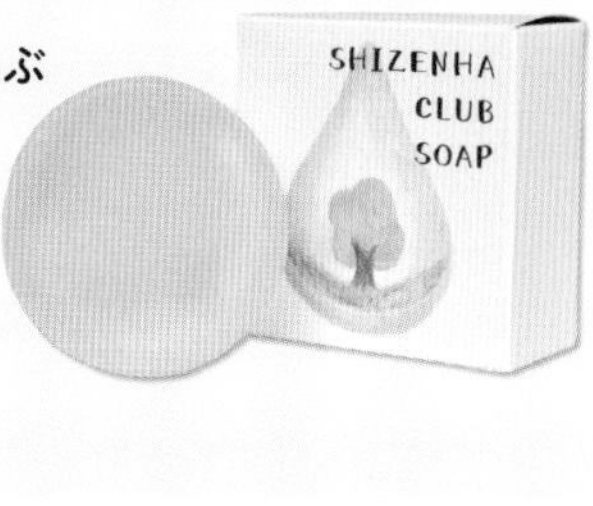

地球環境にも配慮した
体にいい! 石けん商品

体や環境にやさしい石けん。 汚れがすっきり落ちて、 安心・安全な商品を提供している国内の石けんメーカーと商品をご紹介!

健康な体ときれいな水を守る。
シャボン玉石けん

シャボン玉石けん株式会社

1974年から「健康な体ときれいな水を守る。」という企業理念のもと、 人と自然にやさしい無添加石けんの製造・販売を行っている。 昔ながらの製法で職人がじっくり丁寧に作る石けんは、天然の保湿成分を含み、 肌はしっとり、 衣類はふんわり仕上がりに。

酸素系 漂白剤

無添加
シャボン玉スノール

MIYOSHI

ミヨシ石鹸株式会社

「ひとにやさしく、地球にやさしい製品」をモットーに、油脂の生成から最終生産までを一貫して行い、みんなが安心して使える「せっけん」を1921年の創業以来、ずっと大切に製造・提供し続けている。

無添加 お肌のためのせっけん

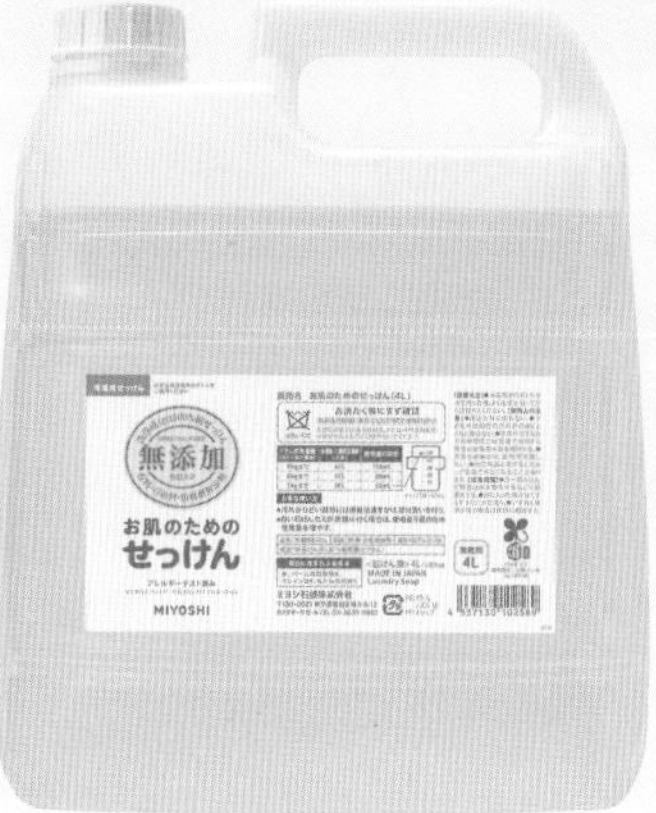

大容量サイズ

リフィル

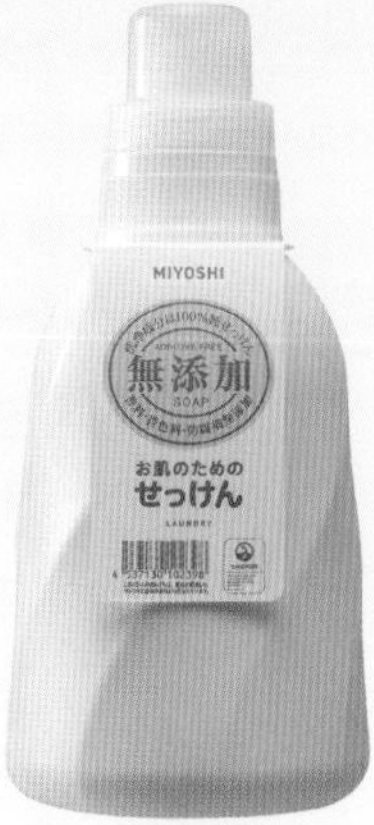

本体ボトル

せっけんそよ風

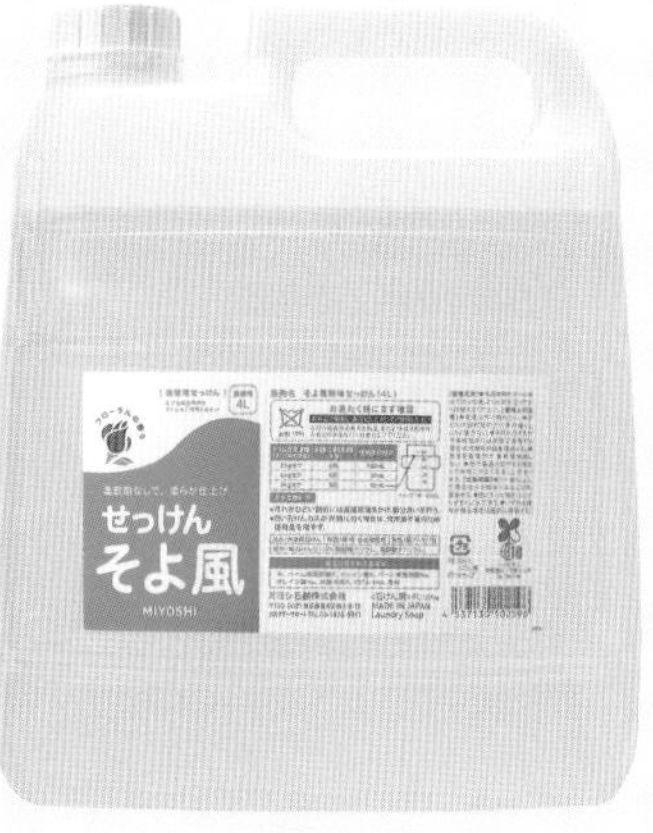

大容量サイズ

リフィル

本体ボトル

エスケー石鹸株式会社

1918年東京都北区東十条で創業した石けんメーカー。 環境・安心・安全にこだわった石けんやハミガキを国内で自社一貫製造。 合成界面活性剤や防腐剤を使用しない製品をお届けしている。

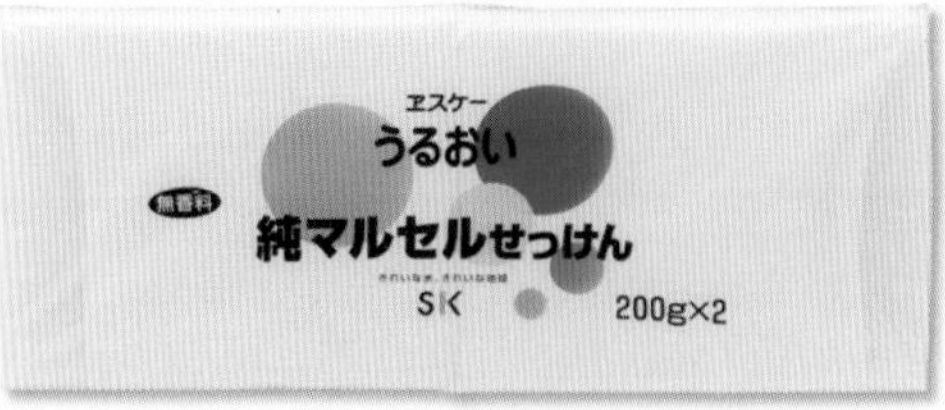

うるおい
純マルセルせっけん

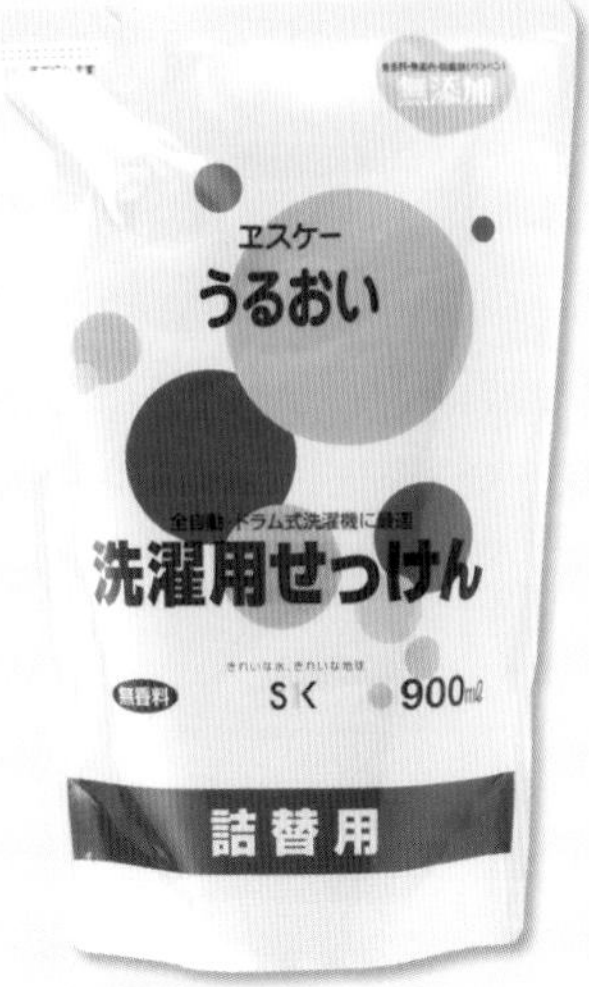

うるおい
洗濯用液体せっけん

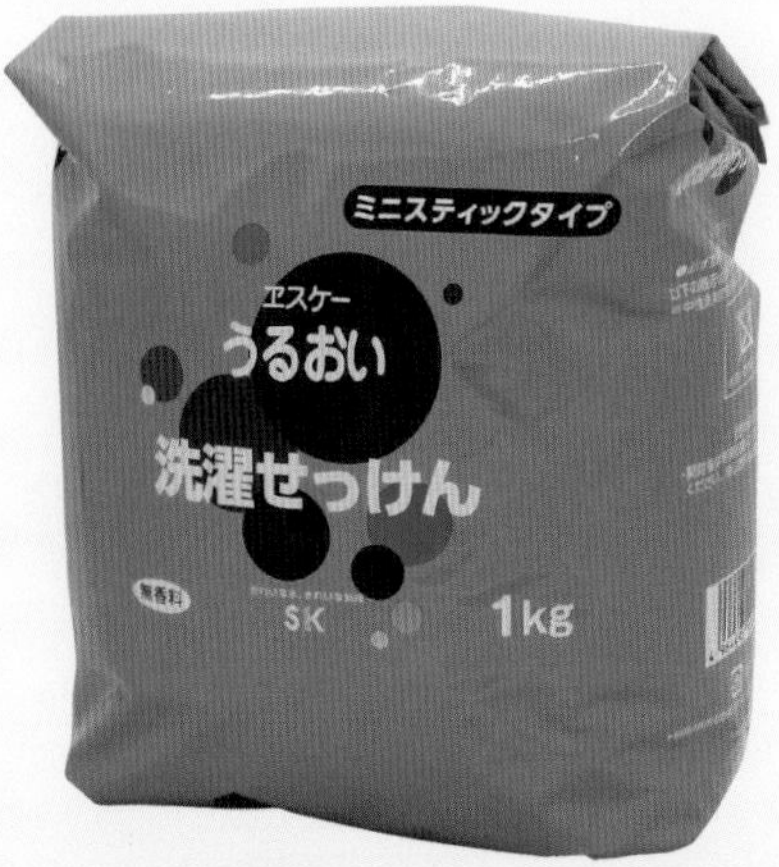

うるおい
洗濯せっけん

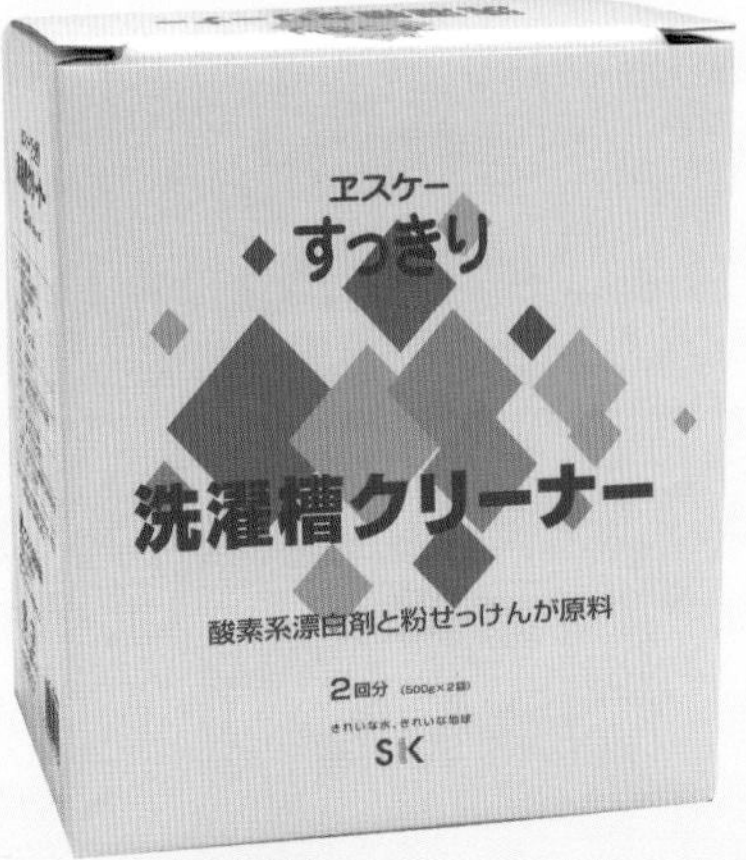

すっきり
洗濯槽クリーナー

松山油脂株式会社

伝統の釜焚き石けんを作り続けて約80年の老舗企業。現在ではボディケア、ヘアケア、スキンケアの企画開発から製造販売までを手がける。洗濯用石けんはすすぎ後に洗浄成分が繊維に残らず、肌にも自然にもやさしい。

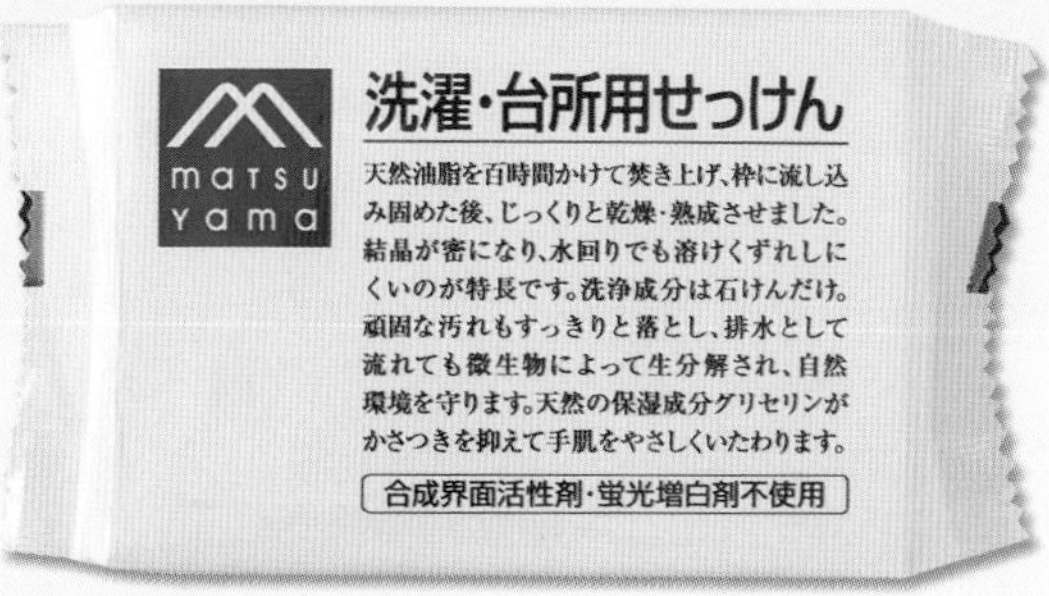
matsu yama
洗濯・台所用せっけん
天然油脂を百時間かけて焚き上げ、枠に流し込み固めた後、じっくりと乾燥・熟成させました。結晶が密になり、水回りでも溶けくずれしにくいのが特長です。洗浄成分は石けんだけ。頑固な汚れもすっきりと落とし、排水として流れても微生物によって生分解され、自然環境を守ります。天然の保湿成分グリセリンがかさつきを抑えて手肌をやさしくいたわります。
合成界面活性剤・蛍光増白剤不使用

洗濯・台所用せっけん

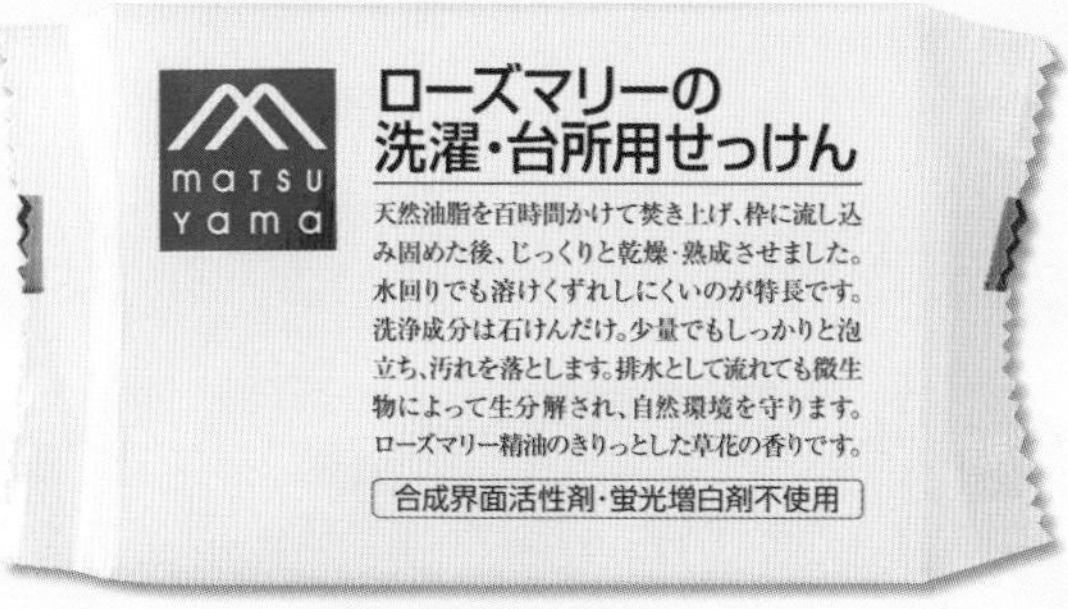
matsu yama
ローズマリーの
洗濯・台所用せっけん
天然油脂を百時間かけて焚き上げ、枠に流し込み固めた後、じっくりと乾燥・熟成させました。水回りでも溶けくずれしにくいのが特長です。洗浄成分は石けんだけ。少量でもしっかりと泡立ち、汚れを落とします。排水として流れても微生物によって生分解され、自然環境を守ります。ローズマリー精油のきりっとした草花の香りです。
合成界面活性剤・蛍光増白剤不使用

ローズマリーの
洗濯・台所用せっけん

matsu yama
洗濯用液体せっけん
毎日使えるたしかな洗浄力
合成洗剤無添加

洗濯用液体せっけん

太陽油脂株式会社

「太陽の恵み 人にやさしく地球にやさしく」をモットーに、植物油脂、自然由来原料にこだわる石けんを作り、1919年の創業以来、環境保護や社会貢献への推進と、次の100年先を見据えた挑戦を続けている。

パックスナチュロン
純粉石けんN

パックス
衣類のリンス

パックス
洗濯用石けんソフト

Part8

ずっと気になっていた洗濯Q&A

洗濯をしている時に
困ったことはありませんか？
ここでは、家庭洗濯をする時に
「知っておきたい！」
「どうしたらいいの？」
という声をもとに、
多くの人が悩むことを
Q&A形式でお答えしています。
洗濯をしていく中の
ちょっとしたヒントとして
ぜひ役立ててください。

Q1

洗濯物が色移りしてしまった時はどうしたらいい？

うっかり色物と白物を一緒に洗って色が移ってしまうことがあります。他の洗濯物の色が付いてしまうとなかなか落ちません。色の濃い天然繊維（綿・麻・ウール・シルクなど）や再生繊維（レーヨン・テンセルなど）は色落ちしやすい素材です。別洗いをして色落ちを防ぎましょう。色落ちしやすい品物は、ぬるま湯ではなく水で洗うことで色落ちしにくくなります。色落ちは色素なので洗剤の力だけでは落とすことができません。漂白剤とお湯を使って落とすことができます。

全体的な色移りの落とし方

1 洗面器にお湯と洗剤と粉末、酸素系漂白剤を入れて溶かす（温度が高い方が落ちる）

お湯1ℓ（40～90℃）に対し
洗剤20g酸素系漂白剤20g

2 洗濯物を1時間以上、漬おき

3 洗剤液を流してから洗濯する

部分的な色移りの落とし方

1 器にお湯と洗剤と粉末の酸素系漂白剤を入れて溶かす

お湯1/4カップ50mlに対し
洗剤と漂白剤を小さじ2杯ずつ

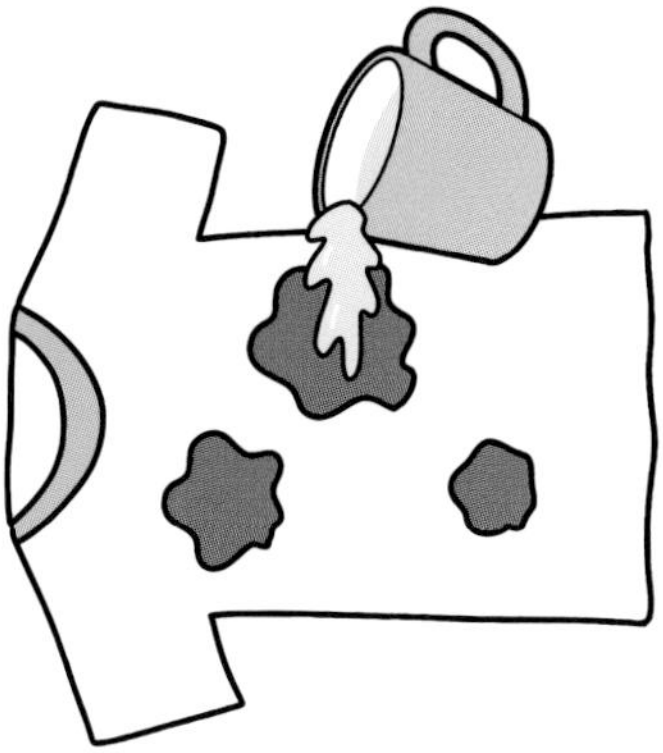

2 色が付いた箇所に洗剤液を付ける

3 周りに布を被せて1時間程度保温

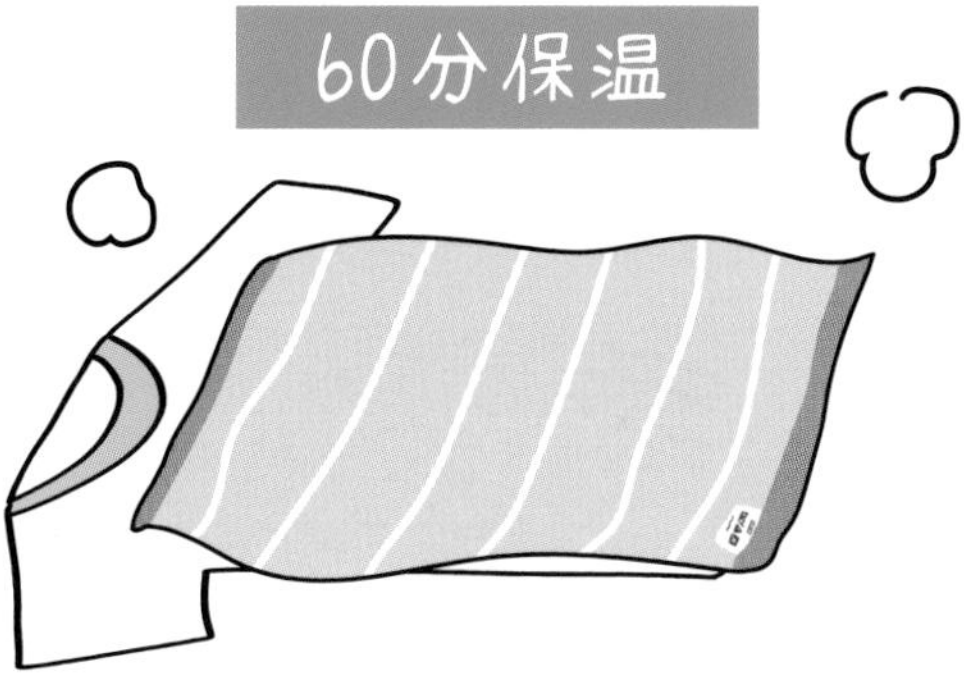

4 洗濯する

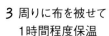

Q2

ヨレヨレに伸びてしまったニットはどうしたらいい？

ニットの袖口や襟周りは伸びやすく、洗濯しても元に戻らないことがあります。また全体的に伸びてしまうこともあります。アクリルやポリエステルなどの合成繊維のニットは伸びやすい素材なので、腕まくりで袖口が伸びてしまい、ハンガーに掛けると全体が伸びてしまいます。伸びてしまうとなかなか戻らないので注意が必要です。アクリルやポリエステルは熱に弱く、縮む性質の繊維です。その性質を利用して縮めることができます。

袖口の伸びを縮める

1 袖口をお湯で濡らす

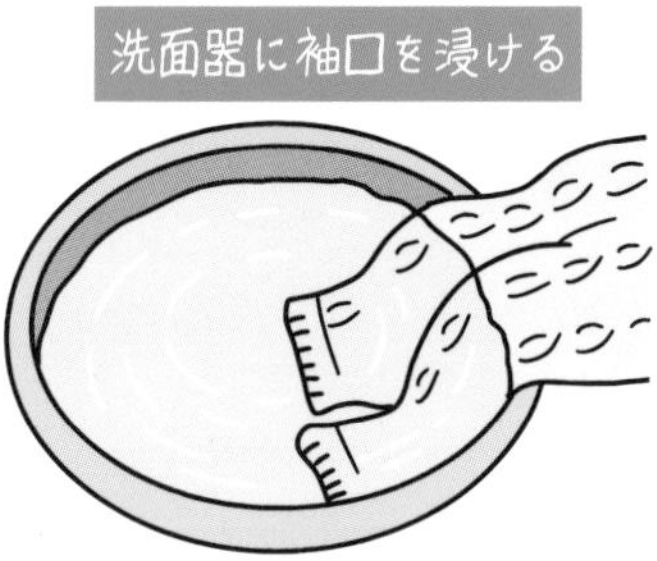

洗面器に袖口を浸ける

2 手の平に袖口を横に置いて強く握る

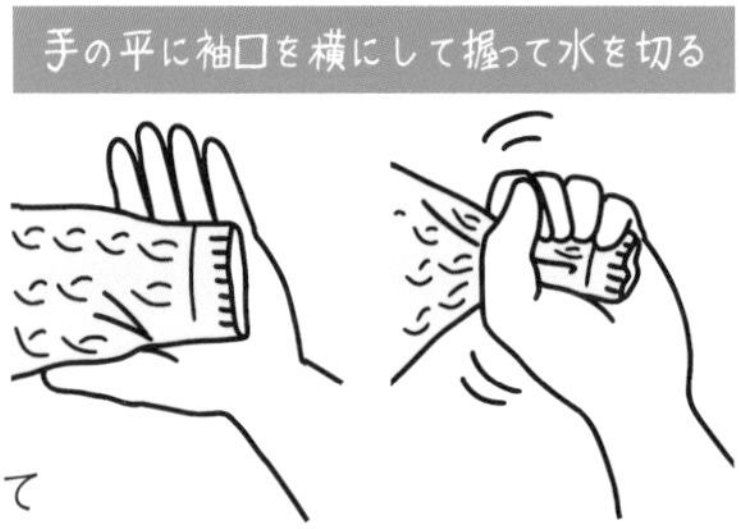

手の平に袖口を横にして握って水を切る

3 ドライヤーを近づけてかけて乾かす

全体的な伸びを縮める

1 洗面器にお湯を入れて品物を数分間浸ける

洗面器のお湯にニットを漬込む

2 洗濯機で脱水する

3 乾燥機で乾燥する（またはドライヤーで乾かす）

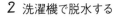

Q3

縮んでしまったニットは元に戻せますか？

ニットは温度が高いぬるま湯で洗ったり、弱洗いをせずに普通洗いをしたりすると、縮んでしまいます。ニットを洗う時はぬるま湯を使わずに、水でやさしく弱洗いを行いましょう。軽い収縮の場合は、ある程度元の形に戻すことができます。湿っている状態で伸ばすことで元の形に近づけます。強く収縮して硬くフェルト化してしまうと直すことができません。

ニット縮み直し

1 洗面器に水とクエン酸、またはリンス（トリートメントでも可）小さじ1〜2杯くらい入れて溶かす

2 ニットを浸けて数十秒後、洗濯機で弱脱水する

3 濡れている状態で伸ばす。縦も横も縮んでいる場合はクロス方向に交互に伸ばす。縦に縮んでいる場合は縦に、横に縮んでいる場合は横に伸ばす

縮んだニットをクロス方向に伸ばす

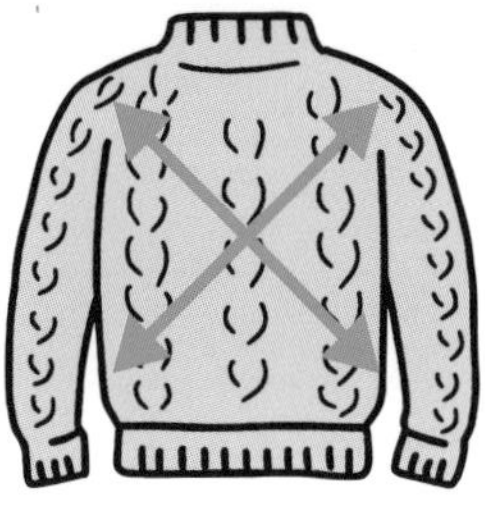

4 平干し又は二つ折りに干す

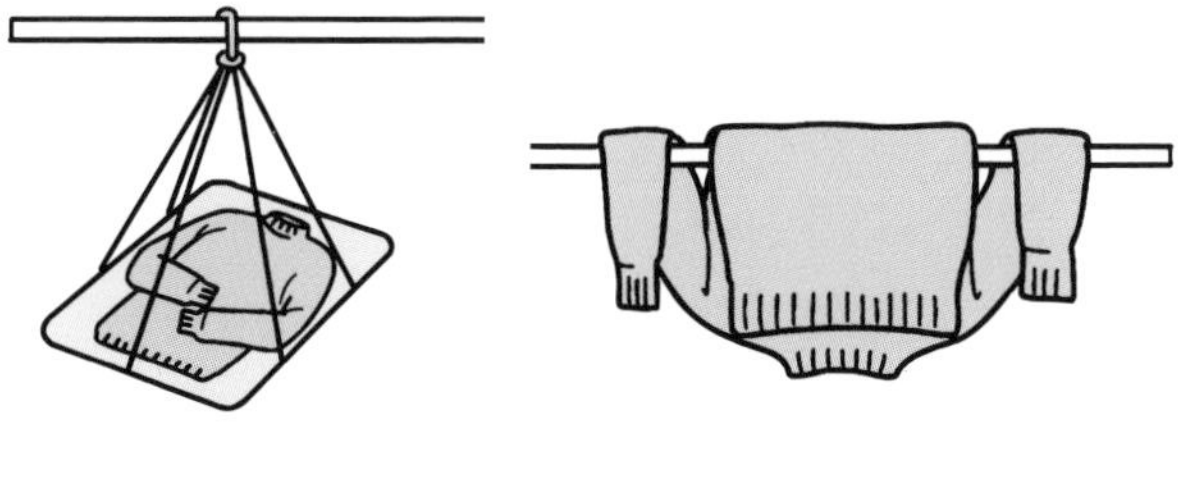

5 半分位乾いたら着用して体に合わせて伸ばして、再び干す

Q4

洗濯槽のカビ発生を防ぐには?

洗濯層の裏側に洗剤カスと洗濯の汚れが付着して、雑菌が繁殖することで黒カビが発生します。石けん洗濯は黒カビが発生しやすいと思われがちですが、これは誤解です。石けんは黒カビを抑制する性質があるので、適量の石けんを使用することで、むしろ黒カビが発生しにくくなります。合成洗剤を使用しているご家庭も、洗濯機の黒カビや臭いにお悩みの方がとても多いようです。

黒カビ対策

対策

1 石けんの適量は洗濯の始まりのころに泡が消えない程度。足りないのも入れすぎもNG

2 洗濯する時は、洗濯物を7割以下にする。洗濯物を入れすぎると洗濯機に汚れが付着する

3 1回すすぎではなく2回以上すすぐ。しっかりすすがないと洗濯機に汚れが残ってしまう

4 洗濯槽をしっかり乾かす。洗濯槽は空にして蓋を開けて換気するか、層乾燥で乾かす

5 定期的に槽洗浄する。洗濯層のカビや雑菌が洗濯物に付着して臭いの元になる

Q5

衣類がカビてしまったらどうしたらいい？

仕舞っておいた衣類にカビが付いていたら、周辺の衣類にもカビが付いていることが多いので、すぐに点検してカビが付いている衣類は洗濯しましょう。湿度と温度が高い場所に衣類をずっと置いてしまうとカビが生えてしまいます。長期間仕舞う場合は、湿度が低い、高い位置の場所に保管して、定期的に換気して湿気をためないようにしましょう。白カビは洗濯で落とすことができますが、黒カビや赤カビは洗濯だけでは落とすことができません。漂白剤の漂白・除菌効果でしっかり落としましょう。

黒カビ・赤カビ落し

1 桶にお湯60℃位と洗剤と粉末酸素系漂白剤を入れ溶かす

お湯1ℓに対し
洗剤20ｇ粉末の酸素系漂白剤30g

2 品物を翌日まで漬込む

3 洗剤液を流して洗濯する

4 天日干しをする

クリーニングのビニールカバーを掛けたままにしておくと、湿気がカバーの下から侵入して中で溜まってしまいカビが発生しやすくなります。クリーニングのカバーは掛けたままにしないで、早めに外しましょう。

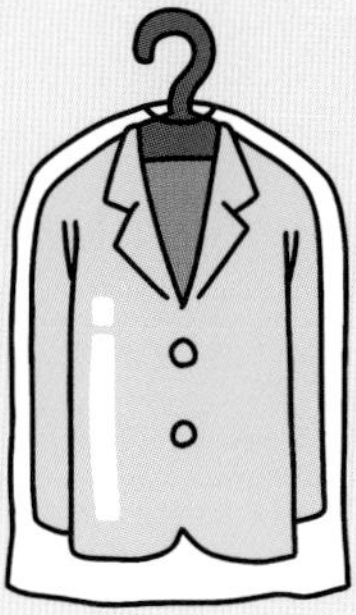

Q6

虫食いが起こった時の対処法を教えてください

虫食い対策

対策

1 ウール（特にカシミヤなど）製品は虫食いが起こりやすいので、防虫対策が必須です。防虫剤は、引き出し収納の場合は一番上に置くことで成分が下に広がるので効果的です。クローゼット収納の場合は、ハイプに等間隔に吊り下げるタイプを掛けましょう。引き出しもクローゼットも品物を詰め込みすぎると成分が行きわたらないので、少しの隙間があるように収納しましょう。収納スペースに合わせた適正な量（製品の表示）の防虫剤を使用しないと、十分な効果が得られません。防虫剤には、化学物質を含まない100%天然成分の防虫剤もあります。

2 合成繊維（ポリエステル・ナイロン・アクリル）は汚れが付いていなければ虫食いが起こらないので、防虫剤は不要です。しかし、洗濯せずに汚れが付いていると、汚れ部分が虫に食われることがありますので、洗濯してから収納しましょう。

3 圧縮袋で空気を抜くと防虫剤は不要なので、シワになりにくい衣類は圧縮袋に入れて収納するという方法もおすすめです。

洗濯しても虫食いは起こります。しかし洗濯しないで収納すると、より虫食いが起こりやすくなるので、洗濯してから収納しましょう。もし虫食いを発見したら周辺の衣類も虫食いされているかもしれません。また、虫や卵があると被害が広がりますので、すぐに確認を。衣類は洗濯して、収納場所の清掃を行いましょう。

虫食いの修理

ニットの虫食いは修理専門店で比較的安価で、ある程度目立たなく直すことができます。生地の虫食いはかけはぎ（かけつぎ修理）で目立ちにくく直すことができますが、1か所数千円の費用がかかる場合があります。ミシン修理の場合は比較的安価に直せますが、ミシン跡が目立つので、見えにくい場所でないとおすすめしません。

Q7

尿(人間・ペット)の臭いが取れない時は？

洗剤や消臭スプレーは汗や皮脂などの臭い（酸性）には効果がありますが、尿の臭い（アルカリ性）には効果がありません。

アルカリ性の尿の臭いは、酸性のクエン酸やお酢を使って中和することで消臭することができます。洗濯できる物はつけ置き、

洗濯できないソファーやカーペットなどは酸性水スプレーで臭いが落とせます。

漬おき洗い（洗濯できる物）

1 洗面器にお湯とクエン酸、またはお酢を入れて溶かす

1ℓに対し
クエン酸小さじ3杯
またはお酢大さじ3杯

洗面器にお湯とクエン酸を入れる
クエン酸

2 1時間程度漬込み、洗濯機で脱水

3 1回すすぎで再び脱水して、天日干し

酸性水スプレー（洗濯できない物）

1 水200mlに小さじ1杯のクエン酸を入れた水をスプレーする

2 濡らしたタオルを押し当てる

3 ドライヤーで乾かす

クエン酸水

おわりに

最後までお読みいただき、ありがとうございます。

本書の内容を無理せず、できる範囲で実践することで、面倒なお洗濯が少しでも楽しく気持ち良くなっていただければと思います。

今までクリーニングに出していた衣類の一部を家庭で洗うことで、いつも清潔な衣類を着用できるようになり、環境にも体にもやさしい生活が送れます。また、家庭洗濯を増やすことで、クリーニング品を減らして経済的な節約にもなります。

30年以上前、私のクリーニング店で、あるお客様から「洋服ダンスの衣類がカビだらけになってしまったので、家に見に来てどうした

ら良いか教えてほしい」という相談を受けました。

その時、原因と対策についてお話ししたのが、洗濯について解説する講演会のきっかけとなりました。その後、数人の集まりに呼ばれて洗濯の話をするようになり、これまでに約150回の講演会を行っています。講演会に参加していただいた方々からは、次のような喜びの声が続々と寄せられてきます。


「楽しかった。どれも目からウロコの連続です」

「帰ってすぐに実践したくなりました」

「洗濯が楽しくなりました。もっと早く聞きたかった」

「ダウンを洗って、乾いたら元通りに膨らんで、とてもきれいになり、感動しました」

「子供の肌が弱いのは強すぎる洗剤が原因だとわかりました」

「キャッチフレーズにだまされず、裏の表示をきちんと見て選びます」
「講演会がきっかけで人生が変わりました」
「洗剤を石けんに変えました」

私は、一人でも多くの方に石けんについて知っていただいて、「痒みや湿疹、敏感肌、アトピー性皮膚炎などの肌トラブルにお困りの方は、石けんを使用する」ことが当たり前の世の中になってほしいと思っています。

洗剤選びでは、パッケージのキャッチフレーズやＣＭのイメージなどに惑わされずに、製品表示を確認して、安全かどうかをご自身の目で判断してください。

石けん洗濯について正確な知識を身につけて、石けんカスや黒カビなどの問題を解決して、楽しい快適な石けん洗濯を行っていただきたいと思います。

市販されている合成洗剤や柔軟剤は、合成界面活性剤が衣類や肌に残留して、皮膚障害や様々なアレルギー症状が起こりやすくなるリスクを知った上で、注意して使用しましょう。そして、少しでも肌の異変や不快感を感じたら、合成洗剤や柔軟剤の使用を中止し、石けんに切り替えることをおすすめします。

合成洗剤と石けん洗剤の違いを正しく認識した上で、ご家族にあった洗剤を選びましょう。

講演会では、参加者の石けん・健康・環境への熱い思いを非常に感じます。そうした熱い思いを伝えるのが自分の使命だと思い、一人でも多くの方に「本当の洗濯＝石けん洗濯」であることを伝えていきたいと思います。

茂木孝夫

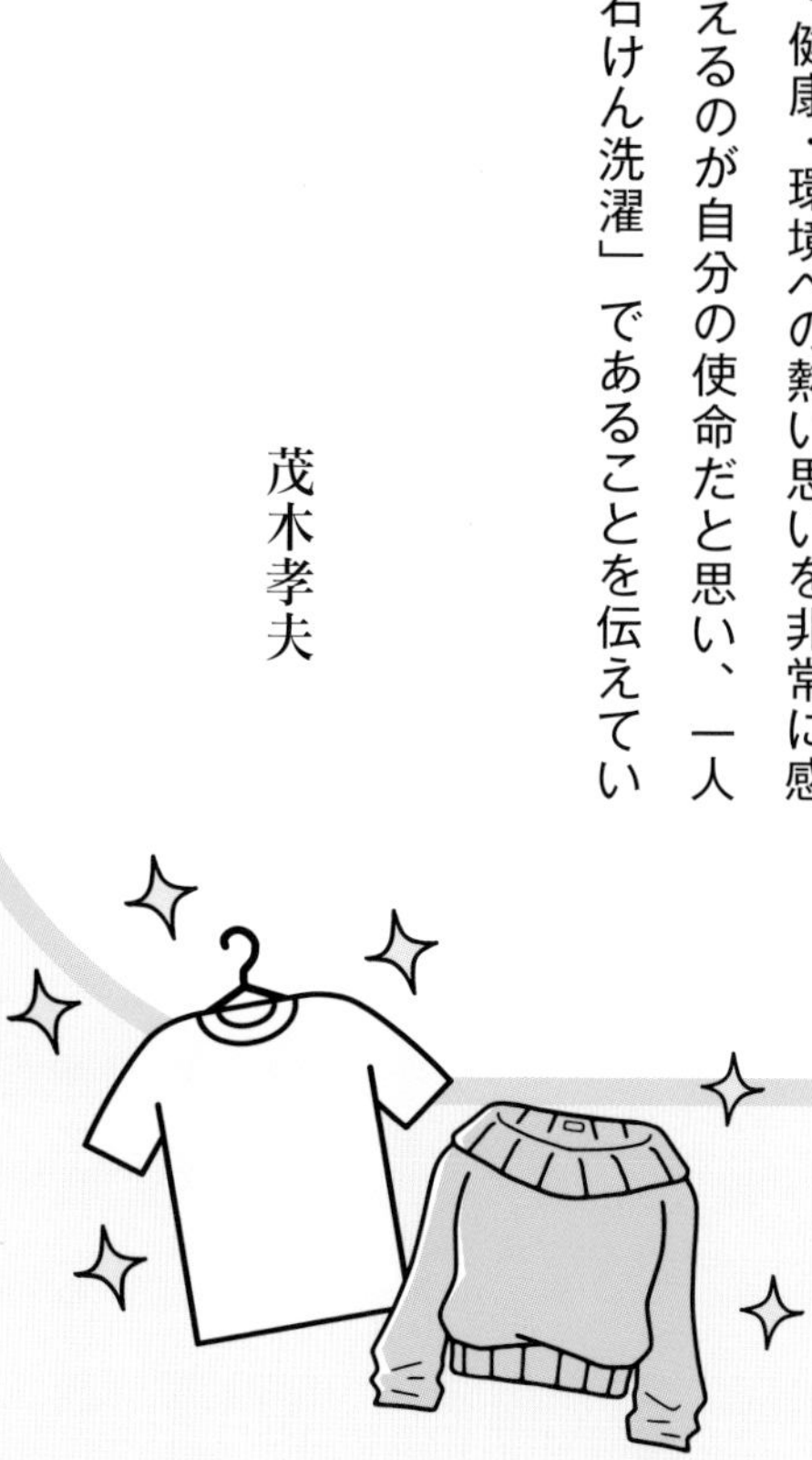

【著者紹介】

茂木孝夫（もぎ たかお）

白栄舎クリーニング代表。30年前生協の「石けんと合成洗剤の違い」学習会をきっかけに石けんを使ったクリーニングに転換し、その後、書籍やテレビやラジオで紹介される。子が7人いて、第4子が重度のアトピー性皮膚炎だったため、洗剤や食品の安全性や環境問題に関心を持つようになる。生協や自治体を中心に「カラダにいい洗濯術」の講演を全国で150回以上行っている。著書に『家庭（うち）でできるカラダにいい洗濯術』（小社刊）。

STAFF

撮　　影：古川　章
撮影協力：茂木　健
イラスト：吉田一裕
装　　丁：川畑サユリ
編集協力：吉田遊介
編　　集：杁島慎司（コスミック出版）

おうちで全部洗える 魔法の洗濯術

2024年6月2日発行

著　　者　茂木孝夫
発 行 人　佐藤広野
発 行 所　株式会社コスミック出版
〒154-0002 東京都世田谷区下馬6-15-4
代表 TEL 03-5432-7081
営業 TEL 03-5432-7084
FAX 03-5432-7088
編集 TEL 03-5432-7086
FAX 03-5432-7090
https://www.cosmicpub.com/
振替　00110-8-611382

ISBN 978-4-7747-9292-7 C0077

印刷・製本　株式会社光邦